中华先烈人物故事汇

续范亭

军事科学院解放军党史军史研究中心

学习出版社

中华先烈人物故事汇《续范亭》编委会

主　任：陈传刚
副主任：陈秋波　陈永红　周　鑫
编　委：郭　芳　褚　杨　王　冬
　　　　王　雷　黄学爵　刘向东

主　编：陈秋波
编　著：黄学爵

目 录
Contents

引 子

　　"赤膊条条任去留，丈夫于世何所求？窃恐民气摧残尽，愿将身躯易自由。""灭却虚荣气，斩删儿女情。涤除尘垢洁，为世作牺牲。"这是著名爱国将领续范亭到南京中山陵剖腹明志前所作的两首绝命诗，也是他一生彻底革命的真实写照。

　　续范亭，原名续培模，1893 年 11 月 27 日出生于山西省崞县西社村（今属定襄县）的一户普通农民家庭。自幼对贫苦的劳动人民怀有深厚的同情，对中外反动派具有刻骨的憎恨，对于祖国的富强和民族解放事业抱有极大的热忱。

　　续范亭 10 岁入私塾读书，14 岁入宏道镇川路两级小学堂读书，接受民主革命教育，16 岁考入太原一所中学，第二年转入山西陆军小学，接受初级军官训练。他在求学时学过四书五经、诸子百家，熟悉民族文化传统，却能突破孔孟之道的藩篱，不为其中的糟粕所束缚。他继承了民族传统文化中的精华，发扬了我国历史上那些仁人志士所具有的优良品德。

续范亭以一个朴素的爱国主义者身份走上战场，卷入民族民主革命的洪流，参加了辛亥革命、讨袁斗争等，艰苦卓绝，锲而不舍。他"不自满，不自馁，不自欺"，没有停滞在原地，而是坚持不懈地追求进步，探索真理，勇往直前，百折不挠。他从亲身斗争经验中领悟到，要革命，要反对手拿武器的人，就必须拿起武器，在任何时候，也不要放下武器。

续范亭一生光明磊落，坚持真理，维护正义，蔑视敌人的威逼利诱和造谣诽谤，从不向反动派低头；在黑暗的年代，在白色恐怖的笼罩下，敌人施展阴谋诡计，使用种种卑劣手段，将无数革命者通缉、拘捕、囚禁、虐杀的时候，他不动摇、不妥协，表现出"此身哪得似金刚，水不能淹火不热"的顽强斗争精神。1935 年 12 月 26 日，为抗议国民党政府不抵抗政策，续范亭在南京中山陵剖腹明志，作"谒陵我心悲，哭陵我无泪；瞻拜总理陵，寸寸肝肠碎。战死无将军，可耻此为最；腼颜事仇敌，瓦全安足贵？"绝命诗多首，此举震动全国。

　　续范亭在接受中国共产党的领导以后，在每一次革命的紧要关头，在大地主大资产阶级与工人阶级极其残酷的斗争中，他都具有正确坚定的政治立场，旗帜鲜明地站在共产党一边，经受了阶级斗争的严峻考验。到了后期，延安的一切新鲜事物，大大地开拓了他的精神境界，思想上有了质的飞跃。他在这时愈加爱戴伟大的中国共产党，对中国的革命事业信念更加坚定，对于人民群众倍增革命的挚情和热爱。中国共产党给续范亭灌注了新鲜的血液，马克思主义真理赋予他巨大的力量。不论是在对反动派口诛笔伐的斗争中，还是在同疾病的搏斗中，他都表现出惊人的毅力。他坚定地跟着党，永不动摇，永不停顿，直到生命的最后一息。

　　续范亭毕生的战斗经历表明，他不愧是为中华民族解放事业鞠躬尽瘁的坚强战士。他从旧民主主义革命跃入新民主主义革命的行列，由一个革命的三民主义的忠实信徒成为一个共产主义的先锋战士。他在实现这个伟大的转折中所经受的曲折、坎坷和艰辛，正是一切有志于共产主义的爱国志士所应走的道路。

续范亭离开我们已经 70 多个年头了，但他毕生英勇奋斗、不屈不挠的革命精神，威武不屈、贫贱不移的高尚品格以及气势磅礴、廉顽立懦的诗文，将永远活在我们的心中，成为大家效仿的典范。

01

与国难同生

求学救国

1893 年 11 月 27 日，续范亭出生在山西省崞县城东南西社村（今属定襄县）的一个普通农民家庭，他兄弟姐妹五人，续范亭排行老四，大姐迎春，大哥勤理，二姐和弟弟因病夭折。父母经营40 多亩贫瘠的田地，每年收获尚能养家糊口。

续范亭出生的时候，正值中国遭受帝国主义列强的相继侵略，中国社会正处于封建统治向半殖民地半封建社会转变的时期。他出生的第二年，甲午中日战争爆发，中国战败，北洋水师全军覆没。腐败无能的清政府迫于日本帝国主义的军事压力，签订了丧权辱国的《马关条约》，既割地又赔款。

其他帝国主义列强为了争取在中国的特权，也纷纷来华划定"势力范围"，夺取地盘，中国陷入了被"瓜分"的严重民族危机的境地，中国人民更是生活在水深火热之中。不愿做亡国奴、不断觉醒的中国人民，掀起了一次又一次的反抗侵略者和改变国家命运的政治运动和斗争，迫使清王朝走向灭亡，各种革命势力相继蓬勃兴起。续范亭就成长在这个动荡不安的革命与反革命激烈搏斗的年代里。

续范亭自幼聪明好学，善于思考，明辨是非。他在本村私塾读书时，有一次，先生出题对句，写出"天高"二字，同学们都对"地厚"，唯独续范亭沉吟思索后答出"路远"。老师惊喜地发现这个学生不落俗套，与众不同，问他为什么对"路远"。续范亭回答说："天高可以任鸟飞，而生活在地上的人，一生要走的路是非常遥远的。"先生听后连连点头，看出小小年纪的续范亭竟有如此的远大志向。不久，此事传到了本族中声望、学识都很高的续西峰耳中。续西峰是当时的革命先驱，也是续范亭的六服族兄，从此他对续范亭格外关注，并用心地培养。

续范亭14岁那年，续西峰自行筹款在宏道镇创办了川路两级小学堂，并自任校长，目的是培养革命人才。课程以在日本东京的同盟会总会机关报《民报》和《铁券》等策论为主题，以兵法操练为主课，以格致（科学常识课）史地为辅课。他特意把续范亭收到门下，因此，续范亭成为这个学校的第一批学生。

续范亭身材颀长，相貌英俊，神采飞扬，年少的他就器宇轩昂，才智过人。续西峰对续范亭特别赏识，着意培养他。续范亭也不负所望，学习勤奋，成绩优异，尤其是他写的作文，既有文采，也有深度，经常被老师展出，在同学中传颂。他还经常和一些同学随续西峰到邻近村庄组织的赛会进行爱国演讲。续范亭的出色表现，使他成了远近各村儿童模仿的榜样。

续西峰一生从事反清、反袁世凯、反北洋军阀、反阎锡山和反抗黑暗社会的活动，奔波于华北、西北与西南各省，足迹遍及大半个中国，被誉为"华北的革命巨子"。因此，在续范亭的心中，续西峰也是他最佩服的人。

续范亭在川路两级小学堂两年，16 岁到山西省会太原读中学。同年，经父母包办，与邻村比他大两岁的李满贞结婚。婚后两人感情不和，续范亭经常不愿回家，在学校专心读书。不久，续范亭主动废除了这段婚姻。

续范亭 17 岁那年，转入山西陆军小学学习，同时接受初级军官训练。入学前，续西峰与续范亭进行了一次深切的交谈。

续西峰问道："范亭，你可是俺们周边最好的学生哩，是远近村子大家学习的榜样，不知你对自己的未来有啥子打算？以后准备干甚？"

续范亭想了想，望着续西峰真诚地说："哥，我想进入军队哩，做一个彻底的革命者，为挽救我们的国家而努力学习和工作。"

"很好！志向远大！路子也正确！当前清政府腐败，帝国主义横行霸道，非革命无以救中国，非自强无以御外侮！"续西峰赞许地竖起大拇指。

"但是，你要知道，陆军小学可聚集了全省最优秀的青年哩。你一定要谦虚谨慎，好好学习，最要紧的是不要忘了革命。平时除了正常学习外，还要抓紧时间多读读《民报》《铁券》等革命刊物，了解革命态势，掌握革命理论，不断提高自己的革命素养和水平。刊物你若不好找，我会让人到省城办事时不时给你送一些，你读后有什么体会和感悟可与我进行书信交流。"

"谢谢哥！我记牢了。我一定好好学习，提高革命理论水平，为更好地进行革命打好基础，不辜负您对我的期望。"

山西陆军小学，是清政府在辛亥革命前夕创办的初级军官学校之一，原是为了镇压人民为其所谓新军培养鹰犬的。然而事与愿违，学校反而为革命军培养了一批后备力量。当时孙中山四处奔走，为革命准备力量，在各省新军中安插革命党人以发展革命力量，形成辛亥革命的骨干。陆军小学实行军事化管理，学期为3年，所学课程相当于初级中学内容，军事课程占相当大的比重。

续范亭到了山西陆军小学后，学习一贯勤奋，思想追求进步。他是公认的优等生，始终很虚心，从不骄傲。当时的学校，办学的人虽然有些民族思想，但教育内容却没有什么革命的思潮，更多的还是军国主义那一套。续范亭入校后不久，就表现出对学校不大满意的情绪，有时不遵守学校的规定，对教官的管制表现得很不耐烦，还不时发点牢骚。有一次因无故迟到，被连长抓着了，不但被点名批评，还被视为最坏的学生，差点被开除。此后，续范亭改掉了这些小毛病，一心放在学习上，考试成绩总是第一，又成了学校里的模范生。

那时，续范亭除了努力增强自己的文化知识、军事知识和作战能力，更是不断地探讨中国的现状和世界形势。在陆军小学，他结识了陕西籍的同学史宗法、张德枢等，并经他们介绍加入了同盟会，经常与校内的革命党人、进步青年奔走联系，这更增强了他的革命决心和信心。

辛亥风暴露头角

1911 年 10 月 10 日，孙中山领导的武昌起义爆发，拉开了辛亥革命的帷幕，全国震动，各省纷纷响应。10月22日，西安爆发起义的消息传到邻省山西，山西也于10月29日发动了起义并取得胜利，结束了清王朝在山西的统治。然而，胜利的果实却被时任第86标（相当于团）标统的阎锡山窃取，他用不正当手段当上了山西的都督，开启了其统治山西人民近40年的序幕。

武昌起义胜利的消息传来，续西峰按捺不住激动的心情在家乡集中旧部，招募乡勇，加紧活动。太原起义成功后，续西峰便派同盟会会员革命党人贺炳煌到太原面见阎锡山，提出出动奇兵直捣北京的建议，但并没有被阎锡山采纳。随后，续西峰又亲自到太原面见阎锡山，建议先出兵石家庄，以切断京汉铁路，阎锡山仍然无动于衷。在续西峰的不断建议下，阎锡山才任命续西峰为忻（州）代（州）宁（武）公团团长，令其协同第4标张瑜（字玉堂）进军大同。续西峰马上返回崞县，对忻代宁公团这支队伍进行了重整。

山西陆军小学学生在太原起义后被编为学生军，主要任务是巡逻放哨，维持秩序。续范亭得知续西峰是忻代宁公团团长并将攻打大同的消息后，马上约上赵承绶、李服膺、王靖国等同学去投军，并赶到宏道镇与续西峰见了面。当时续西峰已将公团整编完毕，见到续范亭来投军感到万分高兴和欣慰，马上任命他为公团司令部副官，负责办理联络和传递命令等事项。

11月28日，忻代宁公团誓师出发，进军晋北军事重镇大同。当时公团有3000多人，民勇居多，只配备了三四百支步枪，大部分用的还是戈矛刀枪，甚至连同川路小学堂操练用的木枪也都带上了，所以战斗力并不强。

12月3日首占应州后，公团未作任何休整即马不停蹄地向大同进发。此时续范亭被续西峰任命为镇远队队长，带领一个营的部队担任前锋。才18岁的续范亭不畏困难，率部奋勇前进。经过3昼夜的急行军，翻山越岭，步行500多里于12月5日抵达大同城下。他们得知大同城早已被城内的民军光复，清军被赶到了城外。城内民军数量不多，战斗力有限，续范亭的先头部队到达时，民军正遭受大批清军的包围，且有3万多清军还在增援围攻大同城的路上，大同已经岌岌可危。续范亭见状，急忙带领先锋营从敌人围困兵力薄弱的地方打开了一个缺口，抢先由西门进入城中，为公团大部队入城打开了通道，使公团顺利进入城内，成为守城的主力部队。

清军增援部队赶到后，数量上已几倍于守城部队。为防止敌人偷袭，续范亭协助续西峰想了许多办法，他指挥士兵将城墙破损的地方泼上水结成冰，使敌人无法攀登；还在城头上安插了许多草人以迷惑敌人；到了夜晚，续范亭率领敢死队出城突击，不断袭扰清军，威慑敌人。续范亭的机智和勇敢，得到续西峰和公团将士们的一致认可，受到大家赞赏。公团以寡敌众，占据大同城，以一座孤城，深处敌后坚守长达40多天，有力地牵制了清军数万精兵不得南下，使起义军顺利光复了关内外和包头、归绥广大地区，大大转变了当时敌强我弱的形势，为起义军在南北议和谈判中取得有利地位作出了贡献。

1912年春节前夕，公团胜利返回崞县、原平。鉴于续范亭的出色表现，他被派往五台山驻防。2月，南北议和告成，清帝溥仪退位，结束了中国数千年封建帝王的统治历史。续范亭在五台山驻防期间，续西峰把从大同新归顺的部队交给他整编，其中就有原关外土匪张拔贡的部队，驻在罗睺寺。整编刚开始，续范亭就了解到，张拔贡匪性不改，以不习惯关内生活为名，蛊惑手下士兵搞哗变，谋划大肆抢掠后再返回关外。续范亭当机立断，带领部队包围了罗睺寺，活捉了张拔贡，平息了他的阴谋叛乱，使五台地区的人民避免了一场浩劫，续范亭名声大振。

4月末，阎锡山感到续西峰的忻代宁公团势力过于强大，于他不利，便想方设法要取消公团。先是对续西峰多次劝说，许诺解散公团后让其到省城任职。阎锡山要解散公团的消息传到五台山部队后，引起了部队的强烈愤慨。续范亭更是觉得不可思议，愤怒之余写信向续西峰提出，计划将部队拉到口外（长城以北地区），不受阎锡山管辖，独立进行革命活动。

9月中旬，孙中山到达太原视察，续范亭陪同续西峰一同接待了他心目中的这位偶像。

一天，孙中山若有所思地问续西峰和续范

亭："对于阎督军要解散公团之事，你们心中可有计策？"

续西峰带点怒气地答道："我认为阎锡山不是个彻底的革命者，而是个投机分子。他解散公团的动机是害怕我们纯粹的革命力量壮大而对他不利，那是心虚，我们不能轻易地遂了他的心愿哩！"

年轻气盛的续范亭也气愤地说道："我认为不能随便解散公团，阎的做法已在公团引起公愤。我们可以带着部队脱离阎的管辖，再举义旗，进一步壮大我们的革命力量。"

孙中山听后耐心地说道："你们的想法我理解。目前革命形势非常复杂，虽然封建帝制已被推翻，但革命的果实却被袁世凯、阎锡山之流窃取，而他们还掌握着大量的枪杆子，目前我们明着与他们对抗还不是时候。我是这么想的，关于公团解散，西峰你们还是要执行，以忍耐养晦为要，暂时先致力于兴办实业，同时也要关注北方的军事，暗中重聚革命力量，以待时机实现国家复兴之大业。"经过孙中山对当前全国革命形势的分析及今后做法的教导，续范亭受益匪浅，自感对革命的理解还很肤浅。

公团解散后，续西峰到太原任山西巡警道，续范亭则暂时留在家乡的川路两级小学堂教书。1912年年底，续范亭再次离开家乡，前往保定陆军中学。

讨伐袁世凯

袁世凯窃取辛亥革命果实，勾结列强，出卖主权，大肆残杀革命党人，残酷镇压人民。阎锡山也公然投靠袁世凯，背叛革命，同时要弄两面派手法，一边拉着同盟会和民主共和，以求帮助和支持；一边又依附袁世凯和君主立宪，并与日本帝国主义保持暧昧关系，勾结他们摧残革命力量。

对于当时北方革命的起伏，正在保定陆军中学就读的续范亭悲愤地记述道：辛亥以前，北方革命分子多加入同盟会；尤以留日学生为最激进，盖在日本亲受孙总理之指导与革命空气之激荡。归国后加入新军与教育界者为多，散布革命空气，组织进行革命。故辛亥革命以新军与知识分子为主干。民国元年以后，一部分新贵党人与袁世凯妥协，走了军阀官僚的道路。其余真正革命分子经过二次革命失败，多被通缉而逃亡，散居海外及各省。民国三年，山西党人晋北续桐溪（字西峰），晋南李鸣凤（字岐山）以反袁被山西督军阎锡山通缉捕拿。续桐溪渡河亡命陕北，李鸣凤被捕押解北京，山西党人出亡者数百人。

续西峰因不满阎锡山所作所为，辞官回乡，专注地方实业，游山玩水，装作无意再作革命活动。然而，袁世凯和阎锡山都不相信他会就此停止革命活动，必欲除之而后快。1914年5月，袁世凯密令阎锡山缉捕续西峰。提前得到消息的续西峰在山西仓促出逃，沿路乞讨到了陕西榆林，见到了在此隐居的陕西革命党人井勿幕、胡景翼（字笠僧）等，经商议决定登华山避开陕西督军陆建章的耳目，以联络山西和河南的革命同志共谋大事。续西峰便与井勿幕、胡景翼结伴南下，先到了陕西蒲城井勿幕家中。

得知续西峰被阎锡山追捕的消息，续范亭十分愤怒，立即偕同胡德夫、史宗法等南走河南，辗转从潼关到达陕西，与续西峰在蒲城相会。在这里，续范亭结识了陕西革命党人井勿幕和胡景翼。此时，陕西革命党人正在声讨袁世凯的忠实走狗、陕西都督陆建章。续范亭参与了陕西的革命活动，协助拟订了赶走陆建章的计划，并与大家一起转到华山隐居。

那时，陕西革命党人、关中名儒郭希仁正在华山讲学，不少学者和革命党人组团到华山，表面称作"共学团"，在玉泉院听郭希仁讲学，实则是各路革命党人会聚一堂，秘密商讨征伐袁世凯的大计。郭希仁是陕西临潼人，辛亥革命前曾任陕西都督张凤翙的参谋长，辛亥革命后因袁世凯任命陆建章为陕西都督，他便隐居华山脚下，在华山村西侧的杨家园以讲学为名暂避风头。

1914 年 9 月，续西峰、续范亭、胡景翼、井勿幕，以及曾因反袁逃亡日本及外省的陕西人刘守中、曹俊夫，曾任陆军第 19 师师长的河北高阳人孙岳（字禹行），从新疆来的甘肃天水人邓宝珊等

革命人士 10 多人齐聚华山杨家园，共同分析研究当时国内外大势，提出以讨袁救国为当务之急，并具体研究了发动革命应当采取的策略和方式，此次聚会被称为华山聚义或华山革命。

年仅 21 岁的续范亭是当时参加华山聚义的革命者中最年轻的一位，能在华山结识这么多当代的博学鸿儒和饱经历练的各方英豪，他深感荣幸，由衷地说道："华山数月居，胜读十年书。"

华山聚义后，革命志士分赴各地，广泛联络，集合反袁力量。续范亭留在陕西与邓宝珊、董振武、张淑琳以及陕北的民军进行反袁斗争。1915 年 12 月，袁世凯称帝，讨袁护国战争爆发。续范亭等率部联合各路民军向西安进军，经过激烈战斗，终于赶走了袁世凯的爪牙陆建章。然而，陆建章被赶走后，早已背叛革命投靠袁世凯的陕北镇守使陈树藩乘机抢先进入西安，窃取了陕西督军职位。续范亭等人只得继续组织民军与陈树藩展开斗争。

这时，续西峰、续范亭与陕西的革命党人组建西北护国讨袁军，续西峰任总司令。讨袁军计划在陕西韩城与郃阳（今合阳）间渡过黄河，先取太原为根据地，然后西合秦陇，南连川滇，直捣北京，消灭北洋军阀。

1916年4月，续范亭和李岐山率1000多人的部队进攻山西。他们虽然人少，但续范亭指挥有方，官兵士气高昂，又得到山西人民的支持，军队进展神速，10多天内就连克猗氏、临晋、荣河、万泉4座县城。不料，护国讨袁军的行动计划被陈树藩得知，他密报给了阎锡山。阎锡山得到密报后，在护国军必经之路埋设重兵。当护国军乘胜北进，经过虞城地区时，突遭阎锡山伏兵袭击。护国军奋起迎战，终因敌众我寡，部队大部被冲散，损失惨重。

续范亭带着突围出来的部分战士进入中条山，穿越丛林，忍饥挨饿好几个昼夜，历尽艰辛，冒险从潼关渡过黄河才回到了山西。因过度劳累，续范亭得了肺病和寒腿病，从此身体虚弱，留下了病根。

1916年6月6日，遭到全国人民声讨和中外人士唾骂的袁世凯，众叛亲离，悲愤交加，一命呜呼。护国讨袁斗争就此胜利结束。袁世凯的猝然毙命，让续范亭十分喜悦，并作诗为证：

> 变诈机警若市井，
>
> 声如豺狼目似鹰。
>
> 武王一怒安天下，
>
> 封建而今建不成。

追寻革命真理

声势浩大的护国运动虽然粉碎了袁世凯的皇帝梦，但人民并未能从反袁斗争的胜利中得到任何实际利益。许多地方军阀借"反袁"的名义纷纷宣告"独立"，乘机夺取权力和抢占地盘，形成了包括直、皖、奉各系军阀在内的北洋军阀集团和以滇系、桂系为主的西南军阀集团。两个军阀集团内部也矛盾重重，存在着错综复杂的明争暗斗。从此，帝国主义列强各自扶持一部分军阀充当自己的代理人，中国出现了军阀割据的分裂局面。各派系军阀间的混战和争夺，给中国人民带来了深重的灾难。

这时，续范亭和续西峰相继回到家乡，一起为在辛亥革命和护国运动中死难的战士办理善后事宜。续范亭突然发现昔日效忠袁世凯的那些军阀，摇身一变成了声讨帝制的英雄，而那些真正出生入死的革命志士死后却无人问津，心中更加悲愤。

办完战友后事，他们一起来到北京，续西峰出任国会参议员。不久后，国会也被迫解散。看到国内政治形势的不断快速变化，续范亭对于革命前途充满担忧。一天，他找到续西峰道出心中的疑惑："哥，当今军阀割据，革命形势复杂，中国革命还有很长的路要走哩，下一步该咋办嘛？"

续西峰稍作思考后答道："当前革命的关键是推倒北洋系军阀。虽然袁世凯复辟帝制失败，但北洋系的基础并没有动摇，南方的革命力量也没有多大发展。而扳倒北洋军阀的最佳方案就是从北方起兵……"

"北洋系的根基在北方，若从南方出兵，不仅兵力薄弱，且鞭长莫及。必须从北方着手，才容易成功。"续范亭赞同地点头说道。

"没错，关中是革命的根据地，在直隶可以保定为中心起兵。"续西峰补充道。

"看来我自己还需要进一步提高综合能力，才能更好地担起革命重任哩。哥，我想到清河军官教导团学习，那正好在保定附近，你看是否合适？"

续西峰欣喜地说道："很好嘛！参加过我们华山聚义的孙岳，目前正以大名镇守使的名位兼领第15混成旅，驻扎在保定。你到那儿以后可以多跟他保持联络，学习军事知识的同时，寻找时机发动革命。"

就这样，续范亭再次来到保定，顺利进入清河军官教导团学习。

1918年1月，陕军将领胡景翼、郭坚等为反对皖系军阀陈树藩，成立了靖国军，井勿幕为总司令，郭坚、樊钟秀、曹世英、胡景翼、高峻、卢占魁分别为第1至第6路军司令官。次年3月，陈树藩大举进兵渭北，靖国军与其展开激战，总司令井勿幕惨遭杀害，军情十分紧急。续西峰临危受命，被任命为靖国军总参议。为加强靖国军的指挥和管理，续西峰连忙写信给正在军官教导团学习的续范亭，让其速到陕西，以协助靖国军平复陕西事态。

续范亭接到信后，立马带着同学吕季良、楚则先等人赶到陕西。续范亭被派到靖国军第 4 路军司令部，以参谋的名义协助胡景翼第 4 路军在渭北一带与陈树藩部作战。续范亭把在教导团学习的军事理论灵活地运用到战场前线，不仅制订了各种行之有效的作战方案，还深入前线，冒着枪林弹雨指挥作战，战斗虽取得了一定的胜利，但与陈树藩部的对峙一度处于胶着状态。

1920 年 10 月，北洋政府第 16 混成旅旅长冯玉祥率部和第 20 师师长、新任陕西督军阎相文一起到了陕西支援靖国军。两军密切配合，彻底歼灭了军阀陈树藩部，陕西局势得以初步平定。这时，全国的局势仍不乐观。续范亭建议时任靖国军总司令的胡景翼率部出关东进，驻扎中原，寻找机会再大干一场。胡景翼高兴地采纳了续范亭的建议，将陕西靖国军编为陆军暂编第 1 师，开出潼关，驻扎在顺德、彰德一带。续范亭又回到了保定。

1920年冬，由续西峰作为介绍人，续范亭正式加入了国民党。从此，他以保定为中心，四处奔走，往返于潼关、洛阳及京、津与察绥冀鲁间，负责联络具有反北洋军阀思想的地方武装，同时也暗中观察直系军阀曹锟、吴佩孚的动向。续范亭身材魁梧，本来十分健壮，但因连年征战，不幸得了肺病和胃痛，经常咳血，每次犯病都剧痛难忍，时有晕厥现象。由于在保定奔走劳累，肺病复发，只能卧床。经医生诊断，须长期休养才能康复。在医生和朋友们的劝说下，续范亭于1923年到了北京西山疗养院疗养。

　　在西山疗养期间，续范亭与许多进步青年密切往来，宣传革命思想。尤其是在北大等学校读书的青年同乡，经常慕名而来与续范亭探讨革命真理。在续范亭的建议下，北大同乡赵守钰等回到山西筹办平民中学，培养革命青年。续范亭在北京到处联络，筹措办学经费，积极支援赵守钰等，使平民中学成了山西革命的一个中心，培养了一批年轻的革命骨干。

投身国民军

　　1924 年 10 月，在第二次直奉战争中，部署在古北口方面的直军第 3 军总司令冯玉祥突然率部回到北京，联合陕军暂编第 1 师师长胡景翼、北京卫戍副总司令孙岳发动北京政变，推翻直系军阀曹锟、吴佩孚控制的北洋政府，囚禁总统曹锟，驱逐清朝逊帝溥仪出紫禁城。将所部改称中华民国国民军，冯玉祥任总司令兼第 1 军军长，胡景翼、孙岳为副总司令兼第 2、第 3 军军长。

　　1925 年春，续范亭应国民军第 3 军军长孙岳的邀请，到保定担任国民军第 3 军第 2 混成旅参谋长。当时，国民军已经陷于四面楚歌的境地：第 1 军冯玉祥在京津与奉军对峙；第 2 军胡景翼与吴佩孚血战于河南鸡公山一带；第 3 军孙岳驻扎河北沧州、大名一带，防御张宗昌的进攻。

　　国民军以有限的兵力，分别抵御直、奉、皖

系军阀数十万之众，三面守敌，形势危急。续范亭主张集中优势兵力，攻打敌人弱点以冲出敌人的包围，认为应先调动兵力向西，进攻山西，建立根据地，这样进可以攻，退可以守，进退自如，攻守两利。他的这一建议得到时任国民军总参议续西峰和第2军军长胡景翼的赞同，并表达了与续范亭意见一致的看法。但冯玉祥并没有接受续范亭的建议，坚持先攻京津，击败奉军李景林，然后回师消灭吴佩孚，他认为山西的阎锡山不足为虑。第3军军长孙岳也认为天津既有海口，又有关税，得了天津，胜过几个山西，表示同意冯玉祥的观点。因彼此意见各异，行动难以统一。

1926年年初，已任第6混成旅旅长的续范亭，在续西峰的支持下，进兵西攻山西。按照计划，豫军樊钟秀从河南进兵，高自清从陕北进兵，弓富魁、胡德夫由正太路进兵；续范亭率部由河北涞水、涞源进军晋北。不料这一行动计划被阎锡山知道，他利用五台县同乡的关系，用重金收买胡德夫的父亲，诱使胡德夫按兵不动；樊钟秀攻入晋东南辽县一带遭遇阻击无法深入进兵；高自清也未能前进，只有续范亭的第6混成旅攻入晋北，进占广灵、应县一带后，孤军作战。而坚持先攻京津的主力冯玉祥第1军进兵天津时，遭到奉军有力还击，又在大沽口遭受日军炮击，最终仓皇撤退。入晋各部队被迫相继退出，这次讨阎战役以失败告终。

北线失利的时候，邓宝珊、岳维峻在郑州也遭遇失败。阎锡山认为时机已到，突然从娘子关出兵占领了石家庄，截断了国民军第2、第3军的后路。这时，第2军军长胡景翼不幸病逝，冯玉祥被共产党北方书记李大钊安排到苏联学习考察，吴佩孚又在后面穷追不舍，使国民军四面受敌，陷入困境。续范亭率领所部与第1、第2军各残部，在南口大战数月，最后兵败绕道张北，向黄河后套沙漠地带进发，历尽艰难困苦，辗转抵达五原，才得到暂时休息整顿的机会。更加不幸的是，续西峰因积劳成疾，在悲愤交加中一病不起，于1926年3月在天津病逝。

这次失败令续范亭痛心疾首。为促成国民军事业，他呕心沥血，历尽艰辛，总是把革命事业看得比任何东西都要宝贵。可是，最终却被阎锡山等各路军阀扼杀，自己最尊敬的老师和战友续西峰也因此气愤身亡。

续范亭率部队撤退到五原后，见到刚从苏联被请回国的国民军总司令冯玉祥，看他坚持革命的态度很坚决，故决心追随冯玉祥。1926年9月17日，冯玉祥在五原举行誓师大会，成立国民军联军，并被推举为联军总司令，下辖第1、第2、第3、第4、第5军，续范亭仍任第3军第6混成旅旅长。他提出了"固甘援陕，联晋图豫"的战略方针，计划部队经宁夏入甘肃，出长安，进河南，与北伐军会师。续范亭积极支持冯玉祥的行动计划，在11月国民军联军逐走围困西安8个月之久的军阀刘镇华的战役中，续范亭所率部队发挥了很好的作用。

冯玉祥发现续范亭的思想学识、道德文章，以及训练军队、指挥作战的才能非常突出，十分器重他。1927年年初，冯玉祥邀请续范亭到西安担任国民军联军军事政治学校校长之职，负责联军的军事教育工作。续范亭认为训练革命后备人才是当务之急，十分高兴地接受了冯玉祥的任命。

续范亭就任校长后，打算借军校为基地，培养一批革命中坚。他以孙中山的新三民主义和三大政策为纲，政治课与军事课并重训练学员。他本人更以身示范，与学员同攻读，又亲自指挥操练，刻苦勤奋，和学生打成一片。他带领学生到古今兵家必争之地的潼关，实地考察"十二连城"古战场遗址，向学生生动地讲述历代在潼关发生的战争故事，引起学生学习的极大兴趣，教学效果显著。

劝谏蒋介石

身在西安的续范亭时刻怀念他的恩师续西峰，计划为已逝世一年多的恩师立一个纪念碑，想请居住在南京的靖国军的老朋友、著名书法家于右任先生为纪念碑题写碑铭。1928年春天，续范亭专程从西安绕道南京，见到于右任先生。说明来意后，于先生对续西峰深表怀念，于是饱含深情地写下了

"辛亥先驱续西峰"7个大字。

续范亭逗留南京期间，一次偶然的机会在于右任家中认识了国民党中央委员丁惟汾。丁惟汾对续范亭的才学品德十分敬佩，提出有机会安排他与蒋介石见见面。当时北伐战争势如破竹，已接近尾声，时任国民革命军总司令、国民党中央政治委员会主席和军事委员会主席的蒋介石，大权在握，但已全面改变了孙中山的革命政策。续范亭很想与蒋介石当面谈谈对于国事的主张。经过丁惟汾的周密安排，续范亭终于在一次宴会开始前获得了蒋介石顺便"接见"的机会，并进行了交谈。

这一天，续范亭早早地来到宴会大厅等候，见蒋介石等人进来，立马迎了上去，行了一个大礼，然后客气地问候道："蒋主席好！在下续范亭，久仰主席大名，今日一见，三生有幸啊！"

"范亭先生好！惟汾在我面前常提起，说先生才能出众，品德高尚。今日一见，果然名不虚传，一表人才呀！"蒋介石客套地回应道。

"主席过奖了。鄙人不才，但对当前时局却有自己的一些不成熟看法，想跟主席说说，不知可否？”续范亭开门见山道。

"哦！那就请先生谈谈高见吧。"蒋介石端着架子不屑地说道。

"我觉得真正的革命者还是要始终不渝地履行孙中山先生的三大政策和三民主义。北伐军摧枯拉朽、风卷残云，北伐形势大好，几近尾声，共产党员在其中是发挥了骨干和先锋作用的。我认为当前反共的内战千万不能再打下去了，还请先生考虑改弦更张，免蹈覆国惨祸。如果我们国民党能够继承孙中山先生的博大精深，去私为公，则扭转危局，犹未为晚。国共合作的旗子还是要继续举起来的，这才能彻底地革命。"续范亭充满激情地说道。

"看来先生是对我们'清党'有意见啰。这可是中央的决策，目的是纯洁和净化我们的党，以免被赤化。当前共党正四处祸乱，占山为匪，闹得不可开交。先生的加强国共合作之举未免不太明智，有些过于迂腐呀！"蒋介石皮笑肉不笑道。

"主席此言我认为有些片面。共党之所以举旗起义，发起南昌暴动，聚首山林，主要还是我们违反了先前的约定，对他们进行无端打压、镇压和残

杀，让他们没有了生存空间，这也就是物极必反的道理。为了进行更彻底的革命，造福中国人民，实现我们中华民族复兴，需要双方更多的理解和合作……"续范亭滔滔不绝地讲了很多话，说得入情入理，蒋介石却闭上了眼睛，显得有些不耐烦，不发一语。

这次面谈后，蒋介石留给续范亭的印象是自高自大，"顽石一块"。蒋介石以为续范亭这次求见他，目的是借机显示其辩论才能和满腹经纶，以便谋个一官半职而已，只要给续范亭委任个差事就能堵住他的嘴。于是，蒋介石专门派人给续范亭送来了一张国民政府高级参议的委任状。续范亭见到委任状后真是哭笑不得，推辞说"体弱不能胜任"，将委任状原封退回。蒋介石派人连送了两次，两次都被续范亭退了回去。

续范亭打发走了送委任状的人，生气地对于右任说道："蒋介石以为我是去向他求官做的，真是以小人之心度君子之腹啊。一个对人民早就居心不善的人，在待人接物上是不会开诚布公的。"

续范亭亲见蒋介石不肯纳谏，又目睹南京城

内一片争权夺利、尔虞我诈、腐化堕落的景象，大失所望地回到山西老家，专心为续西峰安排立碑之事。

1928 年 5 月 3 日，侵占济南的日军寻衅，制造了震惊中外的济南惨案，枪杀中国军民 4000 多人，交涉员蔡公时在被割耳拔舌、削鼻挖眼后，又被残杀，激起国人愤慨，掀起反日运动。而正在济南北伐军总司令部的蒋介石却对日军卑躬屈膝，丧尽国格，致使日军态度蛮横，日军第 6 师团长福田彦助于 5 月 7 日向蒋介石提出最后通牒五条（限 12 小时答复），要求中国军队不得驻扎在济南铁路两旁 20 华里以内。蒋介石竟然予以照办，立即将部队撤离济南，下令免去国民革命军第 3 军团总指挥贺耀祖"本兼各职"；并于 9 日向其部属发出训令，"绝对不使日军发生误会"，其"训令要旨"是："（一）不与日军构争，保护侨民，系为国家之故，在个人无论有如何事，亦须忍受。（二）对于日本人，绝对不开枪。（三）为救一日人，虽杀十人亦可。（四）若遇有事时，日本要求枪支，即以枪支与之，要求捕捉俘虏，即听其捕捉俘虏。"

这项训令在5月12日的天津《大公报》上曝光，闻者哗然。续范亭目睹蒋介石对日军竟如此俯首帖耳，丢尽了中国人的脸面，更感悲愤和失望。

经略大西北

1931年，九一八事变爆发。刚回到家乡不久，准备"解甲归田"、息影山林的续范亭，对日本帝国主义公然侵略我国东北领土，特别是南京政府命令不战而退的行为异常愤怒。面对国难危机，续范亭在家乡坐不住了，立马赶到西安会见久别的老朋友、时任第17路军总指挥兼陕西省政府主席、西安绥靖公署主任的杨虎城，表达自己为国效力的愿望："虎城，如今日寇猖獗，占我国土，而南京政府却无所作为，令吾等愤慨。你贵为一省之主、国之栋梁，需带领我们一起为抵抗日寇侵略和建设国家多出力哩！我这次来找你，就是想看看我能为国家、能为你做点甚。"续范亭直奔主题。

"范亭呀，你来了可就太好啦！你真是来给我雪中送炭哩！你这样的人才早就该出山啦！这样吧，你先在西安当教官，帮我训练军队，同时也协助我发展西北的爱国进步势力好不好？"杨虎城既高兴又激动地对续范亭说道。

续范亭建议道："帮你训练军队没有问题。但当前甘肃局势很乱，不如在那里建立一支武装力量，稳定局势的同时也把西北发展起来。另外，我们的老朋友邓宝珊正闲居上海，他就是甘肃人，在军界熟人很多，在西北有一定的影响力，可把他请回来，让其主持此事。"

虎城点头说道："这个提议很好嘛，我同意。可以成立一个西安绥靖公署驻甘肃行署，由宝珊任行署主任，你就负责筹划和管理军事吧。"

"好嘛，那就这么定。我给宝珊写封信，让他有个心理准备。"

1932年初春，南京政府审批同意成立西安绥靖公署驻甘肃行署，邓宝珊被任命为行署主任，续范亭为参谋长。但南京政府申明，一切装备均由西北军方面筹措自理，国民政府概不提供。邓宝珊、续范亭立即分头进行筹建工作。续范亭从山西、河北军界的老同学处筹集到一批兵员和弹药，又邀请了过去的一些老部下前去共事。4月，续范亭率队启程上任，长途跋涉前往兰州，与邓宝珊筹集的人马会合。

续范亭、邓宝珊二人到达兰州后，驻甘行署虽然成立了，但甘肃的局面仍处于割据状态，留驻陇东、陇南的陕军飞扬跋扈，自行其是；新编第14师师长鲁大昌对邓宝珊态度冷漠；回族的马家诸将领一味敷衍。邓宝珊见此光景，行事比较冷静，虽然多方催促，驻甘行署直到1932年的秋后才开始办公。由于地方武装割据一方就地征敛，加上历年兵祸，陕甘两省又连续3年大旱，人民饥困，饿殍载道。驻甘行署虽然创办起来了，但无钱无粮，兵员又少，续范亭同邓宝珊商量决定暂不扩一兵，专务安民。两人全力整编省内的武装，协调与邻省关系，争取和平环境，以利百姓生息；并与省政府协力整顿省政，稳定各派力量，安抚流亡百姓。续范亭多方交涉，苦心经营，经过一年多的时间方成立新编第1军，邓宝珊任军长，续范亭兼任总参议。

兰州是西北的战略要地，一向为蒋介石所注目。蒋介石知道，邓宝珊是前国民军第2军主要人物，续范亭是国民军第3军的中坚分子，两人是多年的好友，他们与杨虎城在靖国军时代就有很深的交情，在西北均有相当的影响，深恐他们得势将会给他的嫡系留下后患。蒋介石便用"以回制汉"的手段，破格起用回族马家的将领：任命马鸿逵为宁夏省政府主席，并把他的15路军由豫南开到宁夏；任命青海方面的马步芳为第100师师长，马步青为骑兵第5师师长，以加强对甘肃的包围与监视。同时，蒋介石于1933年秋又委派他的亲信朱绍良做甘肃省政府主席，对邓宝珊进行监视，事事予以掣肘。

为方便开展工作，续范亭在兰州注意了解民情，结交各方人士。当时陇南卓尼藏族土司驻兰州的代表贡觉才让，经邓宝珊的介绍认识了续范亭，两人通过一段时间的相交成了很要好的朋友。贡觉才让的汉文名字叫王佐卿，他除了帮助土司杨积庆办理公务，自己还开办了小工厂，在家里制造肥皂，力行实业救国。两人见面时，续范亭经常询问藏民的经济生活和风俗习惯、土司的来历等情况，还经常同他谈论时局，讲述一些抗日救国的道理，告诉他"不抗日就是无耻，不抵抗就是投降，称不上什么主义。做一个人就要有民族气节，要做到临财毋苟得，临难毋苟免，做一个顶天立地的男子汉。无论干什么也好，都不能忘本"。经过与续范亭的多次交谈，贡觉才让非常敬佩和信任他。贡觉才让将自己学习制造肥皂的笔记和从事这项手工艺操作的实践，整理成一本书稿，特地拿给续范亭看，续范亭专门为他的书稿写了一篇序言，还亲自为他找邓宝珊给这本书题写了"救国之道"4个字，鼓励贡觉才让发展工业。

1934年上半年，蒋介石下令撤销驻甘行署，邓宝珊专任陆军新编第1军军长，续范亭任总参议。续范亭因驻甘行署被撤销心中异常愤怒，但他仍极力压制自己的怒火，保持镇静。有了更多的闲暇时间且心情不好的续范亭便东出潼关游玩，顺便到泰山看望隐居在普照寺的冯玉祥。此时的冯玉祥已与蒋介石决裂，正在积极参加抗日救国活动。续范亭对冯玉祥的抗日爱国行为十分钦佩。相见后，两人爱国之情相投，报国之心急切。冯玉祥正在组织一个抗日团体，特地委托续范亭起草了"中国人民抗日团"的纲领，协助他创立这个秘密的爱国团体。这年中秋节来临，续范亭和冯玉祥同游泰山，畅谈国事，以团结抗日互勉。续范亭向冯玉祥表示："我不怕蒋介石的宝剑，也不爱蒋介石的黄金。为了中华民族的独立和自由，誓与蒋介石卖国集团斗争到底。"

1935 年夏的一天，续范亭又与来兰州游览视察的张学良相识。共同的心愿使两人很快熟悉起来。在谈到国内时局时，张学良说道："内战不停止，很难造成抗日之局势。从前我认为非先统一则不能抗日，现在我认为非抗日则不能统一。"

续范亭回应道："我同意汉卿的观点。蒋介石的'攘外必先安内'的策略是错误的。东三省丢了，完全是蒋介石下达'不抵抗'命令所造成，我认为这是一种卖国政策，造成了中华民族空前严重的危机，威胁到了全国人民的生存。现在是到了全国人民共同团结起来抵抗日本侵略的时候了。"

续范亭和张学良接触时间虽然很短，交谈却十分投机。张学良对续范亭正直、豪爽的气度和军纪严明、治军有方印象深刻；续范亭也对张学良的英俊潇洒、精明干练的翩翩风度敬慕不已。

02 奔走呼号抗日

献计助红军

　　续范亭看到蒋介石不顾亡国灭种的灾祸，仍然倒行逆施，排除异己，继续执行"攘外必先安内"的卖国政策，不断围剿南方抗日红军的行为，感到异常愤慨。为了反对蒋介石的卖国内战政策，爱国将领冯玉祥、吉鸿昌早已在察北起事，李济深、蔡廷锴也在福建打起了反蒋抗日的义旗，于是，续范亭再度同邓宝珊商议，鼓励他效法那些抗日将领的做法，高举抗日义旗，为此他专程来到西安与杨虎城计议。邓宝珊、杨虎城两人都是续范亭多年的知己好友，十分理解他的心情，但他们都有自己的想法和打算。他们虽然也深受其害，但对蒋介石还抱有一些幻想，认为蒋介石若能全面抗战，或有胜算；如果步调不齐，发难也恐无济于事，反会招致内讧。因此，他们对续范亭提出来的想法持迟疑态度。

续范亭到处谋划起事的行为，不久就被国民党特务发现。蒋介石立即采取措施，免去了续范亭所任甘肃行署的职务，调任其为新1军总参议，授予中将军衔，没有任何权力，实为空头衔。

续范亭不再掌握军权，便埋头研究国内外局势，他听到许多有关红军长征事迹的传闻。虽然对中国共产党还不是很了解，但他作为一个坚决主张抗日救国的爱国将领，对于中国共产党提出的停止内战、一致抗日的主张，是完全赞同的。他凭着在国民军时期与一些共产党人的接触和了解判断，相信中国共产党是抗日最坚决的政党，工农红军是抗日最可靠的武装力量。

1935年秋，红军再一次发表宣言，愿与国民党所有军队停战议和，共同抗日。但南京政府依旧不肯改弦更张，继续实行消灭异己、媚敌投降的政策。无奈之下，续范亭只好再次劝谏邓宝珊、杨虎城，敦请他们认清是非利害，加以抉择。他们两人虽都是富有爱国之心之人，认为续范亭所讲的道理都对，也赞成共产党停止内战、团结抗日的主张，但就是在行动上踌躇不前，模棱两可。

1935年9月，中央红军长征迫近腊子口的时候，正在兰州的贡觉才让收到卓尼藏族土司杨积庆派人送来的一封密函。信中说，朱绍良令新编第14师师长鲁大昌驻防岷县，固守腊子口天险。鲁大昌要求藏族土司配合他从后面夹击红军，并要实行坚壁清野，一定要将少衣无食、极度疲劳的红军困死、饿死在狭窄山区。土司杨积庆自知卓尼为弹丸之地，兵弱弹缺，绝非红军对手，而鲁大昌在岷又虎视眈眈。若和红军打仗，消耗了兵力，定亡于鲁大昌。若不打红军，又怕红军过来抵挡不住，失掉自己的地盘。因此，土司杨积庆万分为难。他昼夜苦思冥想无以为计，便写信请贡觉才让出主意。他在信中说："想弟在省城，见闻较广，希有以教我。"

贡觉才让读过这封信后，马上找续范亭请教。贡觉才让把信的内容简单告诉了续范亭，然后问道:"先生,你认为我们的土司应该怎么办?"

续范亭沉思了一会儿,说道:"你必须告诉你们的土司,说明红军是北上抗日的,并不会抢占你们的地盘,若要是打起来,卓尼民兵完全不是红军的对手,因此,千万不要轻举妄动,而要支援红军过境,更不能上鲁大昌的当,否则会很危险。"

贡觉才让觉得续范亭说得很有道理,便说道:"好的,先生,我听你的,一定把你的话回信告诉土司,让他协助红军顺利经过卓尼。另外,我们藏民的习俗,到自己家门的客人,一定要让吃饱。我想土司一定会给红军支援粮食的。"

续范亭点了点头,又特别嘱咐说:"另外,还要虚张声势,遮人耳目,保护土司……"贡觉才让听取了续范亭的主意后,连夜给杨土司回信,说明红军北上抗日,大义凛然,救亡图存,在此一举。卓尼民兵绝非红军对手,千万不可轻动,为保自身,建议一要调兵虚张声势,假打真放;二要派心腹秘密迎接红军,支援过境,并指示路径,使红军集中力量打击鲁大昌,更可解除卓尼的危难……

杨积庆是一位有见识的土司,红军来到所辖

地区时，他便在前山虚张声势，喊打红军，在后山也有部署，以防不测，同时派遣密使用洮泯路保安司令名义暗中迎接红军，并引路让红军从腊子口正面攻击，一举打败了鲁大昌。土司还给红军提供了粮食和一部分军鞋。红军回赠给杨积庆数十支步枪、3 挺手提机关枪。红军过境后，杨积庆把红军给他的好枪留下，把原来的坏枪上缴给朱绍良的绥靖公署，算作"打红军的胜利品"，让朱绍良认为土司真的组织卓尼民兵和红军真刀真枪过了招。

1935 年 10 月，中国工农红军红一方面军完成了伟大的二万五千里长征，胜利到达陕北。长征的胜利使全国人民对于革命前途和抗日救国运动的前途产生了新的希望。

到南京请愿

1935 年 11 月，续范亭与刘定安到了南京，一起入住国民饭店。刘定安是续范亭的同乡，比续范亭小 5 岁，受辛亥革命的影响，他积极参加反封建活动，在北京大学读书期间，受新思潮的启发，积极参加学生会运动，传播革命思想，曾随孙中山从事民主主义革命活动，后又积极参加抗日救亡活动。他和续范亭是非常要好的朋友，这次两人相伴到南京的目的，是想在国民党五全大会召开之际做些工作，呼吁和号召国民党聚焦民族大业，团结起来抵抗日寇侵略。

参加国民党五全大会的代表都住在国民饭店。晚上，那些代表住的房间里灯火辉煌，打麻将、摆酒席、吸鸦片，闹得到处乌烟瘴气。

续范亭住在自己那间冷冷清清的房间里，心情格外沉重。他期望能够得到一个机会，亲自向蒋介石和国民党中央呼吁抗日，请缨作战，把日本侵略者赶出华北，赶出东北，建立一个独立、自由、民主、富强的中国。可是到南京已经半个多月了，他一直没有获得这样的机会。他几次试图去见蒋介石和国民党中央的要人，都被他们用各种借口拒绝；即使偶然碰见了，也只不过是一番冷冰冰的应酬。

一天，续范亭终于见到了汪精卫。他迫不及待地向汪精卫讲日本的入侵使国家陷入民族危机之中，全国人民的抗日情绪十分高涨，希望国民党政府能够顺应民意采取抗日的措施。汪精卫听得无动于衷，耐着性子听完续范亭热情洋溢的讲话后，摇了摇头说："你说的这些，夸大了事实。"

续范亭连忙从衣袋里取出一份报纸递给他说道："这还是从北平带来的，上面刊登着日本帝国主义在冀东成立了所谓'冀东防共自治政府'的傀儡政权，清楚地表明了日本侵略华北的企图。"

汪精卫接过报纸，装模作样地看了看，皱起眉头，嘴里嘟嘟囔囔地说道："这报纸上说得莫名其妙……"

续范亭气得说不出话来，强力克制住自己的情绪，没有当场斥骂汪精卫。他想，这个人和蒋介石一样，过去也追随过孙中山，如今是彻底背叛了三民主义，连一点民族自尊心和爱国主义精神都没有了。管理国家的责任落在这些人手里，我们中华民族还有什么希望，还有什么前途呢？

一天清早，续范亭从外面散步回来，正要推

门进屋，忽然发现门缝里塞着许多纸片。他拾起几张拿回房间翻看，原来全是国民党的中央委员和代表们署名的各式各样的名片、请帖，有的请吃饭，有的请看戏，有的字帖上甚至公然无耻地许愿金钱物质拉拢和收买代表为他投票。代表们只字不提抗日大事，却高唱什么"拥护蒋委员长"，背地里钩心斗角，争权夺利，到处为自己张罗选票。续范亭气得手发抖，把名片、请帖撕得粉碎，扔到了废纸篓里。

刘定安正躺在床上看书，看到续范亭的脸色，心里已经明白是怎么回事，便微笑着说道："反正我们不是代表，管不着那些闲事！"

"那才叫人气愤哩！"续范亭不等刘定安说完，便急切地说道，"也不问清楚人家是不是开会的代表，就死皮赖脸地要人家选他。这哪里像个政党？全国人民正在轰轰烈烈地要求抗日救国，他们却在这里轰轰烈烈地争权夺利！"

续范亭在房间里不停地来回走动着。刘定安放下手里的书，起身倒了一杯茶，边喝边对续范亭说："你先不要着急，我给你念一首诗，是一位老人所作，是专门送给这次大会的'献礼'，看看能不能消消气。"

说完，刘定安便有板有眼地念道："一身猪狗熊，两眼官势钱，三诀吹拍骗，四维礼义廉。"

"哈哈哈！写得好，写得太好了！就这么4句，把那些势利小人的形象都勾画出来了……"续范亭忍不住大笑起来。这首诗恰恰是国民党五全大会的真实写照。

为了避免再受到那些人的骚扰，续范亭和刘定安搬到了东亚饭店。还没有安置妥当，郝梦九和西北军的两位老朋友便找来了，约他们同到三元馆去吃饭。他们左说右劝，续范亭说什么也不去，硬是独自留在了旅馆里。

当郝梦九、刘定安他们在三元馆才落座，续范亭却出乎意料地赶了过来。他坐下后，拿起菜单说道："叫几个好菜，咱们喝他个痛快！"

续范亭的话把大家整得有点蒙。大家知道续范亭是不大喝酒的，他有肺病，今天是太阳从西边出来了吗？

"算了吧，还是多添几样菜，酒你就别喝了

吧。"刘定安劝道。

"还是喝点好。"续范亭坚持地说道,"你们看,外边雪又下大了,冷得厉害,喝点酒暖和暖和。"

几人拗不过,就点了一瓶杏花村汾酒。续范亭喝了几口后,脸色变得红润起来,瘦长的身子斜靠在椅子上,竟滔滔不绝地发起议论来:"你们不要看不起世间的'小人物'!英雄就出在'小人物'中间,自古以来就是这样。不信,你们说说看。"大家都觉得他问得突然,有些莫名其妙,一时答不上来。

续范亭见没有人反对,便继续说道:"就说定安的那些同学吧,不怕大刀,不怕水龙,不怕坐牢,不怕杀头,硬是和北大的同学在天安门前游行示威,结果让宪兵抓去了……"

原来,前几天北平爆发了"一二·九"运动,续范亭从报纸上和朋友的来信中获知了青年学生的民族精神和爱国行动。

"北平那些要求抗日的爱国青年学生,他们都是民族英雄!可是,他们是'小人物'。那些大人物,现在又在干些什么勾当呢?爱国犯法,抗日有罪；媚日受赏，卖国有功！这就是大人物们的'英雄'事业！……"说到这里，续范亭激动得有些气喘。

"定安，你那些同学有消息吗？还在坐班房？"续范亭关切地问刘定安。

刘定安肯定地点了点头。

"对国民党，我算是失望了！这种痛苦的心情，你们很难体会到。在民国以前，我就追随孙总理，加入同盟会，参加了辛亥革命和北伐战争……20多年了，我对国民党是有着很深感情的。谁料到，今天它会腐败到这个地步！党国大权握在蒋介石、汪精卫这些人手里，中国迟早得亡国！"

刘定安用手轻轻碰了一下续范亭，又向一旁努努嘴。续范亭这才不再说话，也没有喝酒吃菜，只是一口接一口地吸烟。郝梦九提心吊胆地向邻桌吃饭的人们扫了一眼，看看有没有引起旁人的注意，唯恐续范亭闯下大祸。他了解续范亭的为人，知道用空话劝他是不管用的，但又碍于老朋友的情面，一时不便离开这里。他知道，续范亭在南京的言论与活动，已经引起了"蓝衣社"人的注意，在

续范亭周围，时常有一些不三不四、身份不明的人在监视他。

大家默默不语。过了一会儿，郝梦九似乎觉得这个场面太沉闷，于是改变话题，问续范亭："这些日子，怎么不见你去看望杨主任？"

续范亭摇摇头，微微蹙起两道浓黑的眉毛，似乎不大愿意谈论这个话题，又似乎有什么不满。郝梦九所提到的杨主任，是续范亭的老朋友、国民党西安绥靖公署主任兼 17 路军司令杨虎城，这次也到了南京参会。续范亭知道，在座的两位西北军朋友就跟杨虎城一起住在 17 路军办事处，便问道："虎城这阵还那么忙？"

"忙着哩！"两位西北军朋友回答道。接着告诉他们：杨虎城这次一心要当上国民党中央委员，还指定专人成立了选举小组，为他竞选。南京的一些党棍子们看到杨虎城参加竞选肯花钱，就拿他当土包子，敲他竹杠。结果杨虎城为了活动当个中央委员，花了 8 万多块现大洋。其实，最后还是蒋介石在钦定的名单中，圈了一个中央监察委员给他。

郝梦九听了，心痛地连连说："哎呀，可惜可惜，白花了8万块！"

续范亭只是摇摇头，叹息道："虎城是个有血性的人，一向蛮进步，如今也走上了这条路……为四万万五千万同胞着想，你们说，咱们该怎么办？"

沉默了一会儿，一位西北军朋友悄声地提议说："咱们再找几个朋友，一起到总理陵前去哭灵，说不定还有点用处。"

"没有用，没有用。"续范亭摆着手说，"国家已经糟到这个地步，哭一场有什么用？依我看，还是古话说得好：大丈夫宁流血，不流泪！只是，咱们这么大的国家，叫那几个下流东西给断送了，真太冤枉！"

血祭中山陵

1935年12月26日，一连下了几天的鹅毛大雪终于停了。这天仍是阴沉天气，清晨起来，续范亭神色自若，谈笑如常。临近中午，他穿戴整齐像是要去会见贵宾一样。他对刘定安说，要去看望于右任先生，让刘定安同几位朋友在旅馆玩小牌。往常续范亭出门，总让刘定安相陪，这次却是一人独往。刘定安以为他可能同于右任有密约，不便相伴，就叫司机载着续范亭独自走了。

续范亭在中山陵园的大门前下车后，在广场上停留了一会儿，才独自走进建筑宏伟却冷冷清清的陵园，沿着宽阔的墓道石，迈着沉重的脚步走了上去。他在灵堂前面停了下来，缓了会儿气，然后解开呢大衣，从棉袍口袋里掏出纸烟，点着火，深深吸了几口，眯着眼睛，开始思考自己参加革命以来的点点滴滴。

时间在消逝，中山陵园里稀少的游客已经四散回家了。这一切，续范亭丝毫没有感觉到，仍然陷入沉思中，长久地伫立在灵堂前。他那清瘦的、经历过无数风霜的脸上，那又黑又亮的大眼睛，嘴唇旁深深的护唇纹，这时越发使人感到坚毅、顽强、深沉。外表上，他是那么宁静、沉着，而他的内心深处却沸腾着火一般炽热的感情。近些天来，他曾经写了许多诗篇，抒发了爱祖国、爱人民的热忱，抨击了蒋介石集团的卖国媚敌政策。他在回味这些诗句，思潮汹涌，感情奔放，不由得轻声、悲怆地吟出了其中的一首诗：

> 谒陵我心悲，哭陵我无泪；
> 瞻拜总理陵，寸寸肝肠碎。
> 战死无将军，可耻此为最；
> 腼颜事仇敌，瓦全安足贵？

吟毕，他转过身，神色泰然、步履坚定地走向中山先生灵堂。

陵园大门前的停车场上，司机焦急地等待着，时间已经是下午4点多了，仍不见续范亭走出陵园。再过半个多小时，就到戒严时间了。司机走进陵园寻找了一会儿，到处冷冷清清，空寂无人。司机只好开着空车回到东亚饭店，把情况告诉了刘定安。

当时刘定安正在房间陪着郝梦九说话，听到

司机说续范亭去了中山陵园，心里吃了一惊：续范亭离开时明明说的是去看望于右任的，怎么忽然跑到中山陵园去了呢？续范亭发表了许多激烈的抗日言论，写下了许多悲壮的爱国诗篇，甚至公开抨击国民党政府丧权辱国的罪行，特务们早就盯上他了。刘定安预感到续范亭在中山陵园凶多吉少，忙对郝梦九说道："糟了！快，咱们去找找，别是出了什么事。"

刘定安和郝梦九坐着汽车，一溜烟驶出了南京城。赶到中山陵园时，天色已经黑了。

刘定安不等汽车停稳，便急忙推开车门跳了下去，匆匆找到陵园管理委员会，抑制住惶惶不安的心情，从头至尾地向值班军官叙述了续范亭来陵园的经过，以及他的相貌特征等。值班军官听说是一名中将失踪了，不免也着了慌，觉得干系重大，忙喊人要进陵园寻找。

恰在这时，只见两名守陵园的卫兵搀扶着续范亭，跟跟跄跄地走进办公室。刘定安一愣，立刻冲上前去，双手抱住他："续范亭，你怎么……"

续范亭面色苍白，垂着头，弯着腰，身上披

着呢大衣，蓝色的棉袍揉成一团，礼帽低低地压在眉睫上。他两腿无力，站不住身子，两名卫兵使劲架住他。刘定安心里又着急又紧张，忙问出了什么事，是生病了，还是跌倒了？续范亭只是紧闭双眼，咬着牙关，呼吸轻微而急促。他已经说不出话来了。刘定安帮他扶正礼帽，察看他的脸色，又摸摸他身上。一撩起续范亭的棉袍，刘定安的脸色立刻变得煞白，只见续范亭腹部有一团已经凝固了的紫黑的血迹。他一时惊慌失措，不知道该怎么办。直到郝梦九提醒他要赶紧扎住伤口，他才恍然清醒过来，急忙撕破自己身上穿的衬衣，把续范亭的腹部缠裹住。

刘定安、郝梦九在卫兵们的帮助下，把续范亭抬上汽车。司机打着火，刚要开动时，另一名看守陵园的卫兵从后边呼喊着赶来，通过车窗递给刘定安一把血迹斑斑的短剑。

汽车平稳地驶去。续范亭躺在车厢里的坐垫上，虽然头脑有些昏昏沉沉，心里却还清醒。他尽力忍受着伤口的创痛，不使自己哼出声来。在汽车发动机的嗡嗡声中，他隐约听到郝梦九的声音：

"进了城，我给徐永昌打电话，请他想办法……"

啊，他们是在商量送医院抢救的事情。续范亭心里一急，挣扎着要起来。刘定安忙用双手扶住他。他无力地倒在靠垫上，叹了口气，悲痛地说："定安，梦九……你，你们要真是我的好朋友，就不要管我……你们，还是，把我扔到车外吧！"

"嘻，都成这个样子了，还净说些傻话！"刘定安难过地说。他轻轻地扶了扶续范亭，使他的身子躺得舒展一些。

郝梦九眼看着好朋友伤势严重，心里又难过又着急，劝道："范亭，说这些有甚用？想开些嘛！"

续范亭长叹一声："唉！自杀都死不了，我这个人……太没有用了！"

续范亭在生命垂危的时刻，还说出这样感伤、绝望的话，声音是那么悲怆、凄凉，刘定安禁不住阵阵心酸，流下了滚滚热泪。他想到续范亭怀着一颗赤诚的爱国心，背井离乡，丢下妻子儿女不顾，离开一起出生入死、并肩战斗多年的朋友们，只身来到南京，向国民党政府请缨抗日，竟落得这样的下场！现在可怎么办？怎样告诉他远在西北的妻子和朋友们？……但愿他能够活下来，他不能死！抗日救国，正需要这些爱国志士，需要英勇善战的将领。

当夜，郝梦九通过国民党大员徐永昌的关系，把续范亭送进了南京中央医院。接着，他又连夜去找在南京的朋友们，为续范亭筹集医疗费用，同时打电报通知家属和朋友们。刘定安留在医院，他怀着忐忑不安的心情，守候在寂静的急诊室门前。许久，医生才默默地走出来，告诉刘定安：续范亭的腹膜已经破了，所幸内脏没有受伤，施行手术经过良好，但由于失血过多，体质又弱，所以还没有脱离危险期。医生讲完后，把一张纸递给刘定安，声音低沉地说："这是在续先生贴身的衣袋里发现的。"

医生大概已经看过这张纸上写的东西，眼睛湿润了，心情似乎有些激动。但他没有再说什么话，只是紧紧地握了握刘定安的手。

刘定安接过纸卷，默默地凑近走廊上的灯光，背靠墙壁看了起来。原来是东亚饭店的信笺纸，上面续范亭用苍劲的墨笔字写着：

绝命诗二首

一

赤膊条条任去留，丈夫于世何所求？

窃恐民气摧残尽，愿将身躯易自由。

二

灭却虚荣气，斩删儿女情。

涤除尘垢洁，为世作牺牲。

刘定安看到这里，顿时心潮激荡，泪水夺眶而出。他明白了，续范亭选择在南京中山陵前剖腹明志，这是在用自己的鲜血和生命宣示同蒋介石卖国集团彻底决裂，是对国民党卖国政策的严重抗议和对披着三民主义的外衣、背叛孙中山先生革命宗旨的叛徒们的无情揭露。他在多次请愿和谏言无效的情况下，希望以自己的一死来揭露蒋介石、汪精卫之流的丑恶面目，唤起更多国民党人士抗日救亡的热情。

正气励国人

　　续范亭磅礴的民族正气，壮烈的抗日诗篇，深深地感动了刘定安。他忽然感觉到，即使医生把续范亭的生命从死亡线上挽救回来，但在蒋介石独裁统治的首都，在充满白色恐怖的南京城里，他依然脱离不了"危险期"。刘定安决定不惜一切代价，要把续范亭从危险之中救出来，保护好他，决不能让他再遭毒手。

　　12月27日黎明时分，有几名报馆的记者来采访。应记者们的要求，刘定安介绍了续范亭自杀的原因和经过，又领着他们进病房探视续范亭。续范亭躺在病床上，面色苍白，形容憔悴，几乎感觉不到他还在呼吸。他仍昏迷不醒，医生绝对禁止记者们接近他。经过再三交涉，医生才允许两名记者走到病床前，给他拍了照片，然后记者便离开了。

　　上午10点多，一位30岁左右的中年男子，不慌不忙沿着走廊来到刘定安身边，有礼貌地点点头，用带着山西口音的普通话问道："请问，是刘定安先生吗？"

刘定安点点头，也问道："先生贵姓？"

"我是受续先生一位朋友的委托，来跟刘先生说点事……"

中年男子并不通报自己的姓名和身份，只是压低声音，悄悄地告诉刘定安："当局"对于续范亭的自杀十分恐慌，认定这是与共产党有关联的事件。在医院内外，已经布下特务，并且听说蒋介石下了密令，只要查出续范亭跟有共产党嫌疑的人来往，立即秘密处死。最后又叮嘱道："请刘先生善自防范，多加保重。再见！"

中年男子说完，神色自若，仍同来时一样，不慌不忙地向走廊尽头走去。

刘定安对于这位来历不明的人，感到有些疑惑：他叫什么名字？是干什么的？他怎么会知道这些消息？让他来传话的那位朋友是谁呢……不管怎样，这个人不怕危险，敢于冒着特务的监视和盯梢，来医院传话，说明暗中有许多人在关心续范亭，保护续范亭。刘定安心里很感激他，也受到了鼓舞和激励，下决心更要好好地照护续范亭。但是，在南京这样的地方，他又能有什么安全妥善的办法呢？想来想去，唯一的办法只有一刻也不离开续范亭。经过他三番五次的请求，医院才答应让他住在续范亭的病房里。

国民党政府不许把续范亭忧国自杀的事件声张出去，他们除了派出特务监视之外，还下令不准记者再去医院采访，禁止各报发表消息和评论文章，企图以新闻封锁来遮掩全国人民的耳目。但是，纸包不住火。不久，上海一家私营报纸，不顾禁令发表了这个消息。紧接着，全国各大报纸，包括南京《救国日报》和国民党的《中央日报》，迫于形势，不得不发表了续范亭忧国自杀的经过，以及有关的评论、病况报告、简历和《绝命诗》等。续范亭的事迹，终于惊动了社会，传遍全国。每天都有大批的慰问函电，送到昏迷不醒，仍然处于危险期的续范亭的床前。冯玉祥还亲自到医院探视病情；已返回西安的杨虎城，远在兰州的邓宝珊，也打来电报并派专人前来医院慰问。

郝梦九和西北军的几位朋友，住到东亚饭店，负责接待看望续范亭的各界人士，刘定安仍然留在医院照料续范亭。

一天，一位白发苍苍的老人来到医院，找到刘定安，自称是续范亭的老朋友，叫杜仲虑，特地从玄武湖亚洲岛赶来看望。因医院不让打扰病人，刘定安恳切地说明原委，再三致歉，请杜老先生改日再来，他才勉强走出了医院。可是，过了不到一个钟头，杜老先生又回来了，半日之内，竟往返3次，苦苦要求见续范亭一面。他声音沙哑，激动地对刘定安说："刘先生，我和续范亭是老朋友了。辛亥起义，我在《国风日报》任编辑，民国二年到晋北去看过他，至今20多年没有见面了。今天，续范亭到了这个地步，我也活不了几天啦！你让我看他一眼，我就走……"并反复保证，"我绝对不去惊动他，不跟他说话，只看上一眼，立刻就走。"

杜老先生的态度十分恳切，说话的声音都发颤了。刘定安心头涌上一股悲戚的感觉。他没有再劝阻，默默地转过身，领着杜老先生走进病房，小心地揭起遮挡着病人的帷幔。

续范亭面对着墙斜躺在床上，瘦骨伶仃的身上盖着洁白的被单，纹丝不动，他仍然处在昏迷状态。他那消瘦的颧骨，显得更加突出了，呼吸仍然很轻微，脸色白得像一张宣纸……

杜老先生伫立在门内，似乎想走近病榻，更真切地看看老朋友，看看这位爱国志士，却又怕引起什么响动，惊扰了病人。他远离病床，一动不动地凝视着续范亭，泪水涌出眼眶，滴落在胸前，而自己似乎并没有感觉到这一切。过了好一会儿，他才抬起枯瘦的手，擦去眼泪，而后转过身去，提着手杖，头也不回，颤颤巍巍地走出病房，走出医院。

第二天的报纸上登载了一条消息，醒目的标题是：《杜仲虑老先生昨夜忧国投湖自沉》！

续范亭直到伤愈出院以后，方才得知此事。杜老先生的音容笑貌，又浮现在他眼前。20多年来，杜老先生拥护孙中山的三大政策，积极地宣扬民主革命，为国为民，到处奔波。20多年后，杜老先生不忍眼看自己的祖国走向毁灭，在蒋介石法西斯统治的迫害下，终于自杀了！续范亭想到这里，满怀悲痛，为老友，为革命志士写下了一首悼念的诗：

> 我病君三顾，君亡我未临。
>
> 月圆君已逝，月缺我方闻。
>
> 伯仁非我杀，我竟死伯仁。
>
> 陵园剑不利，湖水一河深？
>
> 万古中天月，千秋烈士心。

有一天，续范亭漫无目的地沿着大街出了城门，不知不觉又来到了紫金山。他走一会儿，歇一会儿，吃力地向山上爬去。他感到苦闷、彷徨，觉得国家民族没有出路，前途暗淡。而他自己活了40多岁，却像是迷途的羔羊，找不到出路，看不见光明。他回忆起自己在中山陵前举剑自杀的一刹那，曾经深信不疑：这一剑，多少总会给南京的统治者一点教训吧？！然而，他错了，国民党当局存心出卖国家民族利益，坚持反人民的内战和屈辱的媚日政策，他们的本性，并不会因为续范亭剖腹自杀而有丝毫改变。现实生活深刻地教育了他：他流了血，几乎丧失生命，国民党却不准声张；当事情暴露以后，他们又极力歪曲事实真相，造谣污蔑，不让全国人民知道他自杀的真实动机和原因。在国民党反动派统治者眼里，是没有什么祖国、民族的；对于人民的生死存亡，他们根本不去理会。认清了这些事实，续范亭悔恨交加，作诗感慨：

> 紫金山上忆狂吟，二竖何时一战擒？
> 愧我空留一点血，依然国难又秋深。

重寻救国路

1936 年 5 月，伤愈离院的续范亭在刘定安陪同下来到杭州休养，住在香山洞。腹部的创伤虽然愈合了，但心灵的创伤却始终无法愈合。他对国民党统治集团完全绝望了，然而他又看不到国家和自己的前途，找不到民族独立富强的道路。大革命前后，续范亭曾经接触过一些共产党人，但对共产党只是有一些模糊的概念而已。共产党要革命，使劳动人民得到翻身解放，引起了续范亭的极大兴趣。

续范亭想接近共产党、了解共产党，但又苦于没人能引见。于是，他就跑到杭州市里的小书店和旧书摊上，买了《资本论》《辩证唯物主义》等一些有关马列主义的书籍，开始专心致志地阅读和研究。

一天，刘定安风尘仆仆地从外面回来告诉续范亭，说他在外面碰上了第 17 路军南京办事处的那两位朋友。

续范亭忙问道："他们到杭州来做甚？"

"说是杨虎城让他们来买房子的。大概，咱们的杨将军也要到杭州来做'西湖寓公'了！"

续范亭听到这个消息，感到有些吃惊："这个，不会吧？这怎么可能呢？"

刘定安说："可这是真的嘛！他俩还能瞎编？"

续范亭不住地摇头。他不能相信，也不敢相信杨虎城能做"西湖寓公"，这不仅因为他和杨虎城是多年老朋友，深知杨虎城的为人，而且因为当年的老西北军被蒋介石分化瓦解，连冯玉祥老总都成了"光杆司令"，如今就剩下第 17 路军比较完整，实力也比较强，要是杨虎城再垮了台，老西北军就没有多大指望了。

刘定安见他还是不相信，又解释说："杨虎城在南京花那么多钱竞选中央委员，这个事大家都知道，你总是不愿意相信，现在他要做寓公，买房子的人都来了，还是亲口告诉我的，你硬是不相信，这可没办法了！"

"我太了解虎城的为人了，实在没法相信这些事。他不会丢下部队，也不会丢下西北不管。"续范亭感情深沉地说，"他不至于走这一着棋。看来，此中必有文章！"

续范亭说得这么肯定，刘定安反倒有些迷惑不解了，于是问道："有什么文章？你说说看。"

"这要从他的历史，才能看出他是一个什么样的人物……"

接着，续范亭盘腿坐在床上，一边吸着烟，一边不慌不忙、有条不紊地向刘定安讲述了他所认识和了解的杨虎城，滔滔不绝，根本停不下来。最后，他像做结论似的说道："虎城跟蒋介石斗了这些年，你想，给一个中央委员，他就能投靠蒋介石吗？他这个人是有爱国心的。记得1933年日本进攻热河时，他就向蒋介石请求，愿意领第17路军全部开赴华北抗战，并且真把他的42师开到华北去了。你想，他能够不抗日，丢下西北，丢下部队，到西湖来做寓公吗？所以，我说这里头有文章哩！"

一天晚上，在清朗的月光下，一名十分威武的军官来到静悄悄的香山洞大殿前面。他朝身后跟随的两人摆摆手，示意留在外边，独自一人大跨步穿过院落，走进房门。

续范亭正在暗淡的灯光下看书，听见"咚咚"的马靴响，抬起头一看来人，吃惊地睁大眼睛，一时竟说不出话来。不等他开口，那位军官便用低沉的声音说道："范亭，你算找到个世外桃源了！"

续范亭赶忙站起身子，惊疑地说："虎城！你果然来……"

"果然到西湖来做寓公啦！"杨虎城紧紧握住续范亭的手，语调有些幽默，"难道你不欢迎咱？"

续范亭苦笑着摇摇头。他不是不欢迎，而是不相信杨虎城会走到这一步。

"几年没去西安了，你们葫芦里装的什么药，我可是一点也弄不清楚。"续范亭请他坐下，一边倒茶，一边迫不及待地问，"实话告诉我，你在南京竞选中央委员，又到杭州买房子，到底为甚？"

"为了表示拥护委员长，为了减轻我们的压力。当然，给自己准备上一条退路，也有这么点意思。"

续范亭一愣："怎么，你在西安真的站不住了？"

"眼下还没到那一步。"杨虎城神态安详，然而语气中流露着愤愤不平地说道，"东北军的兵力比我们多3倍，全是德国的武器装备，从西安到延安摆开了阵势，几十万中央军正沿着陇海路往西开，要进潼关。他硬逼着我进攻陕北红军，你说我该怎办？"

续范亭一下子明白了。看来，西北的形势十分严峻，第17路军的处境也确实很困难。可是，说什么内战也不能再打下去了。续范亭沉默许久，也想不出办法来，只好问道："那，你到底打算怎办？"

杨虎城没有立即回答他，而是把身子向续范亭靠近了一些，压低嗓音问道："你跟汉宸有联系吗？"

听到"汉宸"二字，续范亭心里又惊又喜。南汉宸高大的身材、浓密的眉毛和炯炯有神的大眼睛，一时浮现在他的脑际。他们是同乡、同学，曾经一起参加辛亥革命，在西北军中南征北战，结下了深厚的友谊，情同手足。大革命时期，南汉宸悄悄加入了中国共产党，在西北军中从事宣传活动。蒋介石发动"四一二"反革命政变后，他转入做地下工作，从此他们就分开了，算来已有七八年不通音讯。现在，杨虎城怎么突然提起这位老朋友了？他们最近见了面，还是通了信？续范亭急于知道这些情况，急切地问道："你见到汉宸啦！他现在怎么样？"

"我们也有三四年没见面了。"杨虎城不慌不忙，笑呵呵地说道，"不过，你是知道的，我和汉宸从来没断过联系，这次我在南京开五全大会的时候，他又派人找我来了。"

"他派谁来找你？找你干甚？他现在在哪里？你们都……"

续范亭连珠炮似的发问，神色又焦急又关切，弄得杨虎城不知该怎样回答，只是望着他嘿嘿地乐。续范亭也感到自己有点失态，也跟着笑了起来。

"你的性子还是那样，不要着急嘛！我到香山洞来，又不是来烧香拜佛，就是来告诉你这些事的。"

接着，杨虎城就把南汉宸派人找他的经过，详细地告诉了续范亭。

原来，南汉宸一直在为共产党工作，他派申伯纯找杨虎城，主要是说明共产党和红军"停止内战，一致抗日"的主张，并沟通红军和第 17 路军的关系，以建立共同抗日互不侵犯的友好协定。

杨虎城讲了很多他和申伯纯交往的事情，讲得很详细、具体，又绘声绘色。续范亭简直听入迷了，双眼紧盯着他，神情专注，唯恐漏掉片言只语。杨虎城讲起话来像个大学教授，有点儿文绉绉

的。对于前一阶段发生的事情，他谈得比较多，比较坦率；对于当前的进展情况，他就讲得比较简单，比较谨慎了。他告诉续范亭，申伯纯向南汉宸汇报了他们的谈话，南汉宸向共产党中央报告请示了杨虎城他们的想法，共产党中央又派王世英同杨虎城取得联系，经过谈判，红军与第17路军建立了抗日友好互不侵犯协定，走团结抗日的道路。

听到这些消息，特别是中国共产党"停止内战，一致抗日"的主张和实际行动，续范亭深受鼓舞。一颗几乎要消沉的心又振奋起来，绝望的情绪又有了新的希望。他想到西北军在历史上是起过进步作用的，在大革命时期，当国民革命军从广州北伐，打到湖南、武汉及河南的时候，发生了冯玉祥率领西北军参加革命的事情。就在两年多以前，冯玉祥还同共产党合作，在察哈尔建立了抗日同盟军，西北军各部特别是吉鸿昌的部队，曾经有力地打击了日军。现在，当国家和民族到了生死存亡的危急关头，在全国人民的抗日救亡运动蓬勃发展之际，杨虎城和第17路军靠拢共产党，走与红军联合抗日的道路，这是十分正确的选择。然而，他又有些疑虑：听说红军长征到达陕北后，只剩下 3 万多人，而且武器陈旧，弹药贫乏，给养短缺。杨虎城的第 17 路军也不过七八万人，两军加在一起，统共才 10 来万人。而蒋介石坚持"剿共"内战，沿陇海一线布满重兵；山西的土皇帝阎锡山是不会抗日的；西北地区还有胡宗南的正规军和马家军；仅张学良装备精良的东北军，在陕甘就有二三十万人。第 17 路军即使同红军合作，但处在百万大军的重重包围之中，如何能达到开赴前线抗日的目的呢？续范亭坦率地把自己的顾虑告诉了杨虎城。

"你是担心张汉卿的东北军把咱们吃掉？"杨虎城笑着说，"实话对你说吧，张汉卿跟我一样，要联共抗日哩！他同共产党也定了互不侵犯协定，要'逼蒋抗日'！"

续范亭听了这话，更是惊奇不已，不敢置信。这一个晚上，杨虎城的谈话使他非常兴奋。他懊悔自己耳目闭塞，孤陋寡闻，像囚在笼子里的鸟儿，天地狭小得可怜。

杨虎城见续范亭沉思不语，又说道："这些事情麻达（麻烦）得很，一时半会儿也说不清。你回西安亲眼看一看，亲耳听一听，就明白了。"

杨虎城的话在续范亭心里更激起了新的浪花。他本想认真看一些书，多了解一些共产党，总结20多年的经验教训，养好身体，然后北上参加抗日的。经杨虎城一提，他觉得更应该回西安了，而且到了西北，或许就有机会和共产党接近，更好地认识和了解共产党，再决定自己今后要走的道路。

杨虎城见他仍没有回答，以为他还在犹豫，态度十分恳切地劝道："范亭，回西安去吧！现在看来，形势有了好转，抗日大有希望，正是需要人才的时候，咱们要好好地干它一番事业！"

续范亭猛然回答道："好！我们回西安！"

杨虎城这才轻松地吁了口气，他站起身来准备告辞。刚走了两步又回过头来压低声音说他这次来杭州，表面上是买房子，实际上是蒋介石找他来"商谈军机"的。蒋介石已经下令中央军调往洛阳、潼关，还装模作样地解释说，这样做是为了"准备抵抗日寇进攻"。杨虎城冷笑说："又是骗人的鬼话！什么'准备抵抗日寇进攻'，明明是来逼我和张汉卿进攻陕北红军哩！这人一辈子净说瞎话。"

续范亭听后说道:"和他打交道,你千万要当心啊!"

杨虎城蛮有信心地说:"这我知道。"

他们走出香山洞,来到小汽车旁边。副官早已拉开车门等候。杨虎城紧紧握住续范亭的手说:"我在杭州的事,今天就办完了。明天你同我一道坐飞机走吧?"

续范亭沉吟了一下说:"不,不用了。你先走一步,我坐火车回去,沿线还可以看看,了解一些情况。"

杨虎城了解续范亭的为人,知道他说话是算数的,他会回到西安的,于是说:"好吧,我在西安等你。"

再回西安城

1936年11月下旬的一天,续范亭乘坐的列车缓缓地开进了西安站，月台上早已站满了迎接他的人。当续范亭走出车厢时，邓宝珊、续式甫和不久前来到西安替阎锡山办事的郝梦九等人纷纷迎上前来。

时任西安城防司令的邓宝珊紧紧握住续范亭的手，满怀深情地说："好了，你总算回来啦，我们也放心了。看你这身体，咳，糟蹋成啥样子了，好好养养吧！"他扭头问绥靖公署办公厅主任续式甫："虎城没来？"

"杨主任到华清池去了。"续式甫回答后，又转向续范亭自我介绍说，"我是西安绥靖公署办公厅主任，叫续式甫，杨主任把你交给我了，让我好好照顾咧！"

郝梦九凑到跟前说："先住下来，有甚事慢慢谈。"

邓宝珊赞同说："对，先安顿下来。跟老朋友见见面，听一听，看一看，就会明白这里是个什么局面了。"

离开月台，续范亭注意到，车站内外岗哨林立，戒备森严，站前广场和主要交通路口堆积着麻包、砖石和沙土，筑起了工事；一些高大的房顶上架着机关枪，荷枪实弹的士兵守在那里，如临大敌。邓宝珊等西北军的一些朋友因为公务繁忙，在站前同他告别后，就匆匆走了。续范亭由续式甫和郝梦九陪同上了汽车。

汽车把续范亭他们带到了一所旧式四合院，院落不大，收拾得干净整洁。续范亭非常感激杨虎城和西北军朋友们对他的关心和体贴，再三请续式甫代他向大家表示感谢。

续式甫个子矮小，论辈分还是续范亭的族叔，在前清还做过秀才，说话做事显得文绉绉的，有些书生气。他笑呵呵细声慢语地说："都是自家人，你也不必在意。有甚照顾不到的地方，你只管告诉我。"

郝梦九笑着说："你总算在西安安顿下来了，就好好养养身子吧！"

续式甫接过话："对，身体要紧。就是要抗日，也得有个好身体。"

郝梦九劝慰着说："抗日这样大的事情，要慢慢来。你一个人着急也不顶事。"

这时，郝梦九起身准备离开，又嘱咐说："你路上辛苦了，早些休息吧！"

续范亭连忙拦住他俩："不要走，你们都不要走，咱们好不容易见了面，还没有好好谈谈哩，我真的不累。"

续式甫和郝梦九只好留了下来。续范亭一边招呼续式甫和郝梦九坐下，一边说道："从南边来到西安，简直是到了另一个天地，让人有些晕头转向，弄不清咋回事了！"

郝梦九笑呵呵地说："我刚来的那阵子，西安还没有这么热闹。也就是这半年起的变化。"

续范亭感慨地说道："真没有想到，西安的局势会这么紧张。天上飞机隆隆，地上汽车奔驰，到处是军队，连大街上都筑起了工事，难道要在城里打仗？跟谁打？日军还远在河北哩！"

郝梦九满不在乎地说："当然是跟红军干仗嘛！'攘外必先安内'，咱蒋委员长是王八吃秤砣——铁了心啦！"

续范亭听说要在西安城同红军打仗，不由一愣，忙问道："怎么，红军已经开近西安啦？"

续式甫插话说:"没影儿的事!红军还在陕北,人家共产党提出的口号是'停止内战,一致抗日'。倒是中央军不去北上抗日,却往西开向潼关,逼近咱们西安了!"

续范亭听出其中必有原因,不禁想起南汉宸派人同杨虎城联系合作抗日的事情,也就不再追问了,只是说:"虎城是有爱国主义思想的,他要抗日是自然的,谁也不会感到意外。只是那位张少帅,九一八事变时不抵抗;日军进攻热河,他还是不抵抗;率领几十万大军'剿共',从南方'剿'到西北,这阵怎的忽然要抗日了?"

郝梦九疑惑地说道:"就是哩!人们都说张副司令要抗日,比咱杨主任闹腾得还厉害。"

续式甫摇头晃脑,慢条斯理地说:"这个嘛,不知底细的人,是不易明白。他刚来西安那阵,跟杨主任有过一些疙瘩,两家的下属,闹事的就更多了。张汉卿的转变……简言之,一则他同日寇有杀父之仇,张作霖是被日本人在皇姑屯炸死的;二则失去东四省,问心有愧,处处挨骂,目睹流落内地之东北父老,深受刺激;三则全国百姓要求抗日,东北军更是要打回老家去，再不抗日，这个老本也只怕保不住了；四则他来西北'剿共'，军事上失利，共产党又提出'停止内战，一致抗日'，使他颇受教育；五则杨主任和西北军兄弟……"

续式甫滔滔不绝地发了一通议论。续范亭听得很仔细，很用心。他突然感到自己落在朋友后面了。这会儿，郝梦九烟瘾发作，瘫在椅子上无精打采。续范亭起身歉意地说道："梦九，你陪了我这半天，太乏了，回去歇歇吧！"

续式甫也从旁劝道："对，你先走一步，我陪范亭慢慢聊。"

郝梦九撑起软绵绵的身子，笑道："那好吧，我就失陪了。范亭，我就住在西京招待所，你有甚事，只管叫我。"

郝梦九走后，天色已是黄昏，续范亭和续式甫两人简单吃了晚饭，继续畅谈。郝梦九是阎锡山的人，现在他走了，叔侄俩可以没有什么避讳，无话不谈了。

续式甫首先开诚布公地告诉他：张学良、杨虎城二人已经下定决心，联合共产党"逼蒋抗日"。

目前在东北军和第 17 路军中，都有红军派来的联络代表。几个月来，红军叶剑英参谋长经常住在西安，开辟抗日民族统一战线工作，团结和帮助张学良、杨虎城，培训抗日干部，改造东北军和第 17 路军。接着，续式甫又把张学良、杨虎城两位将军同蒋介石的斗争详细地进行了介绍……

两人一直聊到三更时分。听了续式甫谈的这些情况，续范亭深感当前西安的局势确实很严重、很复杂，斗争很激烈。对于张学良、杨虎城和他们的部队来说，是抗日，还是"剿共"；是爱国，还是卖国；是屈服，还是斗争，已经到了决定命运的危急关头了。蒋介石逼迫张学良、杨虎城率部队进攻红军，不但亲临西安督战，而且调动几十万大军压境，张学良和杨虎城他们能不能顶得住，能不能实现停止内战、团结抗日的局面，续范亭感到有些茫然、焦虑和不安。

巷子里忽然响起了汽车的喇叭声，似乎在大门前停住了。接着院子里响起一片"咔咔咔咔"的皮靴声。续范亭和续式甫一愣神，急忙站起身，只见门帘开启，杨虎城大步地走了进来，然后紧紧握住续范亭的手，热情而亲切地说道："范亭！好，好，你可回来了！"

杨虎城的神色严肃且匆忙。续范亭注视着他苍白、疲乏的脸庞，感动地说："都三更半夜了，你还不休息，何必来……"

"这会儿刚得空，看见你，我就放心了。"

"听说你忙得厉害。"

"忙倒不怕，就怕事情办不成。"杨虎城大大方方地在椅子上坐下来，看看续式甫，接着说，"这么晚了，你们还在谈？范亭刚回来，身子有病，不要累垮了。"

续式甫说："他是个急性子，我有甚办法？"

续范亭忙解释说："我一点也不累。回到西安心里很兴奋，巴不得把所有的事情都弄明白。"

"不容易，事情麻达（麻烦）得很。"杨虎城笑了笑，又问续式甫，"你都对他讲了？"

续式甫回答说："我知道的，大致讲了讲。"

杨虎城点点头，吁了口气说："事情愈来愈紧迫了，快到火烧眉毛的时候了！"他点了一根香烟，深深吸了几口，不慌不忙地告诉他们：今天下午，张学良到了华清池，见到了蒋介石，屏退了左右，然后向蒋介石痛切地陈述，共产党现在的政策是民族抗日第一，红军的问题可以用政治方法解决。当前的形势，只有对外，才能安内；一旦抗日，即能统一。他还说明，现在部队的抗日情绪高涨，不可压制，并且表示他个人对委员长一贯忠诚，正因为如此，所以不能不在这种重大问题上誓死力争。蒋介石听了勃然大怒，骂张学良是"年轻无知"，"受了共产党的迷惑"。张学良再三"苦谏"；"苦谏"不行，继之以声泪俱下的"哭谏"；"哭谏"无效，又继之以激烈的争辩。这样的情景一直持续了3个多小时。最后，蒋介石猛地站起身来，气势汹汹地一拍桌子，厉声说道："你现在就是拿枪把我打死了，我的'剿共'政策也不能变！"

说到这儿，杨虎城熄掉烟头，望着续范亭，心情更加沉重地说："刚吃过晚饭，正想来看你，汉卿从华清池回来了，把我找去，一见面就对我说：'失败了！'"

这时已经四更了，房间里的气氛有些沉闷。许久，续式甫小心翼翼地问道："这，咱们下一步，可咋办？"

"咱们自有办法！"杨虎城态度硬朗，声音铿锵地说道，扭头又嘱咐续范亭，"赶快把身体养好，到时候，我还要请你出来帮忙哩！"

续范亭还没有来得及问清要他帮什么忙，做什么事，杨虎城就立起身来，带着歉意地说："事情实在太多，太紧急，不能跟你多谈了，你可不能见外啊！你有啥事情，只管告诉式甫，让他们去办。另外，等你休息好后，让式甫他们把山西方面的事情对你谈谈。"

说完，杨虎城就匆忙坐车离开了，续式甫正好也搭他的车走了。

第二天下午，来了一堆的老朋友看望续范亭，郝梦九还带着大烟枪、油灯和大烟葫芦等"提神"工具来了，陪着续范亭闲聊。晚饭后，续式甫也匆匆赶来。其他人走后，续范亭、郝梦九、续式甫3人又围坐在木炭盆跟前，促膝交谈。

续范亭问续式甫："昨夜虎城说要我帮忙，你知道是甚事？"

续式甫扫了郝梦九一眼，说道："这不明摆

着，要我对你讲山西方面的情况嘛！咱们在西安办的事情，不光是张副司令和杨主任的事情，全国各地都有份；阎锡山那一份还很重要咧！"

郝梦九听后立马说道："咋的？杨主任要咱续范亭管山西方面的工作？嘻，太美气了！阎主任要我来跟张副司令和杨主任联络，杨主任又要你管，这就好办了，这就好办了！"

续范亭纠正郝梦九的话说："你别弄差了，不是管，是了解山西方面的情况。"他停了停又说："不过，谈起阎锡山，你从我这里听不到好话。"

续式甫连忙插话说："因为他没干过好事！"

郝梦九说："你们只管骂他，我不会坏你们的事。你们骂了他20多年，我没在他跟前多过一句嘴，我姓郝的总算讲义气，够朋友了吧？！"

续式甫说："你就是告诉他，也没甚了不起。他还能派人到西安城来抓我和续范亭！"

郝梦九嬉皮笑脸地说："不敢，那可是不敢。咱不扯这些，您老还是言归正传吧！"

3个人都笑了。续式甫也不再跟他纠缠，开始认真地介绍山西的情况。

原来，阎锡山坚决反共，在红军与他协商借道山西北上抗日时，遭到了他的阻拦。蒋介石看到阎锡山的表现，认为可以利用阎锡山的晋绥军消灭红军，也可以借此把中央军开进山西，控制土皇帝阎锡山。于是，蒋介石调动了几十万嫡系部队准备北渡黄河，开进山西。阎锡山见此形势，马上慌了神，忙向张学良和杨虎城求救。张、杨把共产党的抗日民族统一战线政策向阎锡山进行了解释，希望与其结成"同盟"，共同劝说蒋介石停止内战，一致抗日。但阎锡山解围后，态度反复无常，总让张学良和杨虎城觉得这个"同盟者"不那么靠得住。

续范亭听了后，冷冰冰地说道："汉卿和虎城根本就不该跟他来往。这是个势利小人，一向投机取巧，靠出卖同志，出卖朋友，杀百姓起家的。过去他投靠袁世凯，现在他又离不开蒋介石。他能联共抗日？我才不相信哩！"

郝梦九连忙为他辩护说："话不能说绝了，对人也不能看死了。事情不断变化，人也总在变化嘛！这些日子，阎主任一再表示愿意抗日，凭甚不相信人家？就说张副司令吧，谁能想到有这么大的变化呢？"

续范亭对阎锡山这个"左手提着同志头，右手换取一等侯"的山西土皇帝充满仇恨，不相信其会有啥改变，但为了团结抗日的大局和国家民族的前途，他并未把仇恨和怒火在郝梦九面前表现出来，只是轻声说了一句："且看以后吧！"

亲历西安事变

1936 年 12 月 12 日凌晨四五点钟，续范亭一觉醒来，忽然隐隐约约听到隆隆的炮声。根据经验判断，炮声显然是从城外传来的。突然，四周的枪声噼噼啪啪乱响。他大吃一惊，打开窗户往外一望，只见小巷中布满岗哨，巷口的大街上，约有一个班手执步枪的士兵进入工事，还在沙袋后面架起了机枪。

究竟发生了什么事情？续范亭与外界隔绝，得不到丝毫消息，心里虽然焦急，但也无可奈何，只能耐着性子，坐在屋子里阅读《列宁小传》。

直到下午，续式甫才匆匆来到续范亭住处，告诉他一个惊人的消息：张学良、杨虎城两位将军为了停止内战，一致抗日，忍无可忍，实行了"兵谏"，今晨派部队去华清池活捉了蒋介石！东北军和第17路军已经控制了西安市和周围地区。蒋介石的随从大员、侍从卫兵和中央宪兵团，全部被解除了武装，被看管起来了。

续范亭兴奋、激动地倾听着续式甫那有声有色的叙述，想象着在骊山上的石洞里活捉蒋介石时生动有趣的场面。这时，续式甫又提起了令人担心的问题。他说："蒋介石的嫡系部队是不会甘心的，假若他们进攻西安，那我们该怎么办？"

"不怕！"续范亭胸有成竹地说道，接着又以安慰的口吻向续式甫陈述自己的看法，"在陕西的东北军和西北军，加起来有20多万；河北、甘肃还有张副司令的两个军。全国愿意抗日的军队，都会响应我们，支持我们。还有共产党延安方面也不会坐视不管……"

续式甫点点头，但仍然忧虑重重地说："张副司令和杨主任实行'兵谏',目的是'逼蒋抗日',要是逼不成功,内战闹大了,可怎收拾?"

续范亭说:"只要真是为了国家民族的利益,这样做即使失败了,也是有价值的。再说,在今天这样的形势下,除了这样做以外,中国再没有出路了。"

续式甫临走的时候,又告诉他:张学良、杨虎城已经发出电报,邀请在陕北的中国共产党派代表团来西安谈判。续范亭听后,似乎明白了什么,脸上浮起了笑容;蒋介石碰上了冤家对头,这个老奸巨猾的大流氓多半是活不成了!

晚上,续式甫派人送来张学良、杨虎城发给全国的通电。续范亭反复地读着通电中提出的"八项主张":一、改组南京政府,容纳各党各派,共同负责救国。二、停止一切内战。三、立即释放上海被捕的爱国领袖。四、释放全国一切政治犯。五、开放民众爱国运动。六、保障人民集会结社一切政治自由。七、确实遵行孙总理遗嘱。八、立即召开救国会议。

续范亭觉得这"八项主张"句句都说在了他

的心坎上，似乎是自己内心深处发出的呼声，也正是他多年来为之奋斗，甚至在陵园剖腹所追求的目标。他兴奋地伏在桌上，提起毛笔，写了一篇拥护张学良、杨虎城提出的"八项主张"，呼吁团结抗日的文章，差人连夜送到报馆去。

续范亭思潮汹涌，精神振奋，认为张学良、杨虎城干出这番轰轰烈烈的事业，简直是伟大的创举，他由衷地钦佩。这件事，对他的思想震动太大、太深刻了。他过去认为对杨虎城还是了解的，现在觉得差远了。虎城有此气魄，有此胆识，忠心为国为民，敢于同汉卿一起抓蒋介石，他怎么也不曾想到，甚至不敢置信呢！这需要多么坚强的意志，多么宏伟的气魄啊！而这种意志和魄力，又从何而来呢？虎城为国为民作出了贡献，立下了大功，而自己却像盲人瞎马，到处碰壁，"陵园羞洒血一腔"，到头来一事无成，这是什么原因呢？他不得不深思和反省。

续范亭苦苦地思索着、分析着，忽然明白这次杨虎城和张学良共同发动西安事变，最主要的原因是他们受到了中国共产党"停止内战，一致抗日"的主张和建立抗日民族统一战线政策的影响。续范亭清醒地认识到，杨虎城的成长和发展，他的进步和成就，是同共产党合作分不开的；共产党教育和启发了他，给予他帮助和力量。联想到自己，他有些懊悔，自己虽然也认识一些共产党员，曾经跟他们一起共过事，和南汉宸更是生死之交，但联系时断时续，也没有机会很好地合作，因而对共产党的了解太少，认识太模糊，甚至有些偏见和狭隘。今后自己要走的道路，需要好好借鉴虎城的经验啊！

第二天，续范亭来到了大街上，见街上人如潮涌，个个欢欣鼓舞，脸上洋溢着兴奋的红光，眼中闪动着激动的泪花；学生和市民们自动地结队游行，高呼口号："拥护张学良、杨虎城将军！拥护东北军和17路军！"

"公审蒋介石！枪毙蒋介石！"

"团结起来，枪口对外！东北军打回老家去！"

续范亭从游行队伍中散发传单的青年手中要了一张传单，上面写着："助纣为虐的中央宪兵团，已经被东北军和17路军解除了武装！"

奔走呼号抗日　099

"省党部的牌子被摘下来了，换上了'西安救国联合会'的竖牌！"

"关押在监狱里的'政治犯'全部释放了！"

……

续范亭读着读着，禁不住流出滚滚热泪。然而，续范亭从西安绥靖公署得知，事情并没有那么简单。对于如何处置蒋介石，张学良和杨虎城并没有达成一致意见，部下的思想更不统一。续范亭和大多数人一样，坚持主张杀掉蒋介石。有少部分人，包括张学良，认为只要蒋介石答应抗日，不但要释放他，还要拥护他做领袖。最终大家决定，既然已经打电报给中国共产党了，请中共马上派代表团来西安共商抗日大计，共产党在政治上更加高明，一定会有办法解决的，还是听听共产党的主张再做决定吧！

可是一连等了几天，还是没有得到共产党方面的消息，也没有见到共产党派人来西安，续范亭和他的朋友们都显得焦急不安。张学良和杨虎城的"通电"发出后，各地方实力派系纷纷来电表示态度，有的表示"同情支持"，有的表示"愿意追随"，也有的只说"万请保护蒋委员长的安全"。而阎锡山的复电则是八股连篇、一派责备的"乎"字，还将电报告诉了南京，在报纸上公开发表，想借此讨好蒋介石的南京政府，从中取利，其两面三刀、投机取巧的反动政客丑恶嘴脸暴露无遗。后来，阎锡山甚至要别人打电报给张学良，建议把蒋介石送到太原，由阎锡山出面召集会议解决，更让张学良看穿了阎锡山的卑鄙无耻和他的"生意经"，就不再理他了。

正在张学良、杨虎城举棋不定的时候，何应钦在南京以所谓中央政府的名义，宣布"褫夺张学良本兼各职"，组成"讨逆军"，自任总司令，调动几十万中央军浩浩荡荡地杀奔潼关，"讨伐"东北军和西北军。就在中央军逼近之际，驻守洛阳的东北军炮兵第 6 旅旅长黄永安叛变张学良，驻防潼关一带的第 17 路军师长冯钦哉叛变杨虎城，投靠南京政府，给中央军敞开了大门，使中央军长驱直入潼关，向华阴、华县挺进，即将兵临西安城下。

这时，毛泽东主席和中共中央当机立断，命令红军主力向潼关一线出动，阻止中央军向东北军和西北军进攻。日本帝国主义也在积极进行活动，窥测时机，准备乘内乱之机发动大举侵略。

围绕着西安事变的发生，国际国内矛盾重重，斗争错综复杂，危机四伏。正在这国家民族生死存亡的危急关头，以周恩来副主席和叶剑英参谋长组成的中国共产党代表团到了西安，当即宣布了毛泽东主席和党中央关于和平解决西安事变的方针，才使局势很快得到控制。

周恩来在一次东北军和西北军高级军政官员会议上，对中国共产党提出和平解决西安事变的方针解释道："西安事变后，中国面临着团结抗日还是继续内战这样两个前途，我们是争取哪一个前途好呢？当然是前者！应该看到，现在全国人民的抗日怒潮日益高涨，国民党内部的爱国力量逐步形成，日本帝国主义想要独吞中国，与英美帝国主义和代表英美帝国主义利益的蒋介石集团发生矛盾，这就使得蒋介石有抗日的可能。我们党中央和毛主席研究了这种形势，决定联合一切抗日的力量，包括蒋介石集团在内，建立起抗日民族统一战线，共同抗日。因此，在蒋介石答应了团结抗日的条件后，我们主张放掉他。"

中国共产党从国家民族利益出发，置党派历史的恩怨于不顾，使续范亭十分钦佩，对共产党领导人的高瞻远瞩赞许不已。但放掉蒋介石这只恶虎，他心中还是有不少疑虑，心里总有些忐忑不安。

经过斡旋协商，蒋介石答应：一、明令中央入关之部队于25日起调出潼关。二、停止内战，集中国力，一致对外。三、改组政府，集中各方人才，容纳抗日主张。四、改变对外政策，实行联合一切同情中国民族解放的国家。五、释放上海各被捕领袖，即下令办理。六、西北各省军政，统由张、杨两将军负其全责。

12月25日，蒋介石被释放，26日送抵南京，西安事变和平解决。

思想上的蜕变

1937年年初的一天，续范亭家里突然来了一位特殊的客人，见面时他竟一时愣住了。来人也很激动，只是善于克制自己的感情，微笑着先开口说道："范亭，多年不见！"

"汉宸！"续范亭兴奋地呼叫起来。

久别重逢，两位老朋友紧紧地握住手，用亲切的目光打量着对方，心里都是感慨万千。

南汉宸说道："我一直很担心你的身体。今天见到你，还好嘛！"

续范亭吁了一口气，用感慨而又带有责备的口吻说道："总算又见到你啦！你怎么这会儿才来？"

"是啊，来晚了！我这是接到周公的电报，就急急忙忙赶来的。"

原来，南汉宸是在西安事变之后，受中共代表团的指示，在周副主席直接领导下，做团结杨虎城反蒋抗日的工作的，同时在第 17 路军、东北军和西北各界进行上层统战工作。

续范亭迫不及待地恳切说道："这次事变，对我的震动太大了。从'大我'——也就是整体来说，是非界限、各党各派的纲领和政策十分分明；从'小我'——也就是个人来说，每一个人的正直或虚伪，善良或邪恶，看得也更清楚了。总之，是经历了一场风暴，受教益颇多！"

南汉宸微笑着说道："是的，我来到西安，听了周公和代表团同志们的谈话，又见了虎城和西北军、东北军许多老朋友，对西安事变的重大意义才有了比较深刻的认识，心里也有许多感触。周公说，这次事变是我们国家民族历史的一个转折点。对于许多人来说，也是个人命运的转折点呢！"

续范亭点点头，表示赞同，接着说："共产党大公无私，一切以国家民族利益为重，政策十分英明，令人信服，令人敬佩。和平解决，避免内战，团结抗日，我完全拥护；只是放掉蒋介石，我实在有些不明白。"

南汉宸转达周副主席的话说："周公说，杀掉蒋介石，这很容易，一句话就行了。但是，现在不是杀蒋介石的时候，因为他还有实力，杀了他，势必引起全国性的内战，对团结抗日不利。即使杀了蒋介石，还会有第二个蒋介石，何应钦马上就会成为另一个蒋介石。"

续范亭接过话："蒋介石是个流氓，我有很深的体会。他现在达成了协议，我不相信他会真正执行协议。"

南汉宸进一步说道："现在全国人民一致抗日的怒潮不断提高，就是国民党内部，爱国力量也会逐渐形成，这就有了迫使蒋介石接受抗日的可能，他不抗日就无路可走。我们不怕他出尔反尔，不讲信用。如果他现在答应了，以后又变卦，那就在全国人民面前暴露了他背信弃义的流氓面目。"

两个好朋友格外兴奋，坐在那儿畅谈了几个小时，直到天黑。

在以后的日子里，南汉宸只要有点儿空闲，便来看望续范亭，同他促膝谈心，并给他带来毛主席的著作和党中央机关报《新中华》的社论和文章看。渐渐地，续范亭对中国共产党的性质、纲领、方针和政策有了更深刻的认识，思想上起了飞跃的变化，感到只有在中国共产党的领导下，才能实现真正抗日，革命才能胜利，中华民族才能彻底解放。

有一次，续范亭语重心长地对南汉宸说："我要是早认识和了解共产党，也就不会到中山陵去自杀了！"

南汉宸走后，续范亭突然对自己下一步的去向问题感到困惑。留在西安呢，此刻连杨虎城都处在困境中，自己留在这里没有什么事情可做，给杨虎城也帮不上忙；回甘肃的部队去嘛，那里的情况已有了变化，而且地处边壤，偏僻闭塞，距离抗日前线又远，也不可能有什么作为。郝梦九曾劝他到山西去，可在山西当权的是他的死对头阎锡山，自己曾有过永远不为阎锡山做事的誓言。想来想去，他还想同南汉宸交换一下意见，于是，续范亭直接到九府杨虎城公馆找他。

续范亭的到来，让南汉宸非常高兴。两人一起吃过午饭，就亲切地交谈起来。续范亭把自己的顾虑一股脑地说了出来，南汉宸听后说道："我也正想同你商量这件事呢。我们也希望你能回到山西工作。"

他停了停，又继续说道："当然，我知道你与阎锡山打交道有顾虑，但国共合作抗日，我们可以同蒋介石合作抗日，你怎么不可以同阎锡山合作抗日呢？你不是一再说过，共产党的抗日民族统一战线政策是英明的、正确的吗？"

他们二人围绕着回山西与否这件事继续商讨的时候，南汉宸告诉他，这不但是中共方面的意见，也同杨虎城商量过，准备请你以杨虎城代表的身份，回山西推动和协助阎锡山进行抗日。

续范亭刚回到家不久，南汉宸又兴冲冲地跑来对他说道："周公现在有空，希望和你见面谈谈。"接着又说，"周恩来本来说要亲自前来登门看望你，因为有很多事情缠身，一时无法走开，再三让我向你表示歉意。"续范亭听后兴奋不已，随即与南汉宸一起乘车前往七贤庄一号红军联络处。

周恩来是续范亭倾慕已久的中共知名人物。在这次西安事变中，周恩来临危不惧，力挽狂澜，他那光明磊落、胸怀宽广的为人，高瞻远瞩、顾全大局的政治风度，使续范亭十分敬佩。马上要见到周恩来，续范亭心里既激动又忐忑。

到了红军联络处，不等南汉宸介绍，周恩来便主动伸出手，热情洋溢地说："是续范亭先生吧？我是周恩来。"

周恩来说话的声音不高，但是清晰有力，紧

紧握着的手，使续范亭感到有一股热流传遍全身。由于过度劳累，周恩来的脸色显得有些苍白，面容消瘦，那双充满智慧的眼睛里布上了红丝。续范亭不由得说道："周先生太辛苦了！"

"不，我没有什么，大家辛苦了。"周恩来微笑着说，动作潇洒地挥挥手，"续先生请坐。"

周恩来看看坐在身旁的南汉宸，接着说："续先生的事情，汉宸同我谈过一些，续先生忧国忧民，奔走抗日的事迹很感人，这种爱国主义精神令人钦佩。"

续范亭诚恳地说道："惭愧，我实在没有做出什么事情。现正在考虑能为抗日做点啥，汉宸建议我回山西工作。"

"噢，那只是杨先生和我们的初步设想，供续先生考虑。"周恩来解释说，"我们很希望听听续先生的意见。"

"我不相信阎锡山会真心抗日。这个人阴险狡猾，唯利是图。我对他的了解，可以说是入木三分……"续范亭接着谈到他所知道的土皇帝阎锡山的为人，山西方面的情况，以及他思想上的一些顾虑和看法。

　　周恩来专注地听着，不时点点头，表示理解或赞同他的意见。续范亭为人耿直豪爽，谈话诚恳、坦率，让周恩来很高兴。当续范亭幽默地谈到一些有趣的情节时，他不时发出爽朗的笑声。

　　续范亭讲完后，周恩来并没有具体地一一回答他的问题，也没有向他提什么要求，只把身子靠在椅背上，沉思了一下，然后向他分析山西目前的形势：自 1935 年红军东渡黄河后，山西的局面起了很大的变化。这首先表现在苦难的山西人民看到了共产党，看到了红军，找到了正确的革命道路。在共产党的影响和号召下，山西的广大工农群众和知识分子，从 1936 年秋天起，掀起了轰轰烈烈的抗日救亡运动。山西人民的抗日怒潮，是任何人包括阎锡山也阻挡不了的。其次，我党的政策不但深入人民群众心中，也深入阎锡山统治集团的内部，连他的核心组织"自强救国同志会"的干部委员，也绝大多数赞成我党提出"停止内战，一致抗日"的抗日民族统一战线的主张，阎锡山也很难完全压制住。第三，蒋介石嫡系部队假借"剿共""堵截红军"之名，开进了河东道，赖在那里不走。阎锡山明白，蒋介石想要"挤掉"他，"吞并"山西这个"独立王国"，他当然不干了。第四，寇深祸亟，华北危机日趋严重，日军的触角已经深入阎锡山的势力范围——察绥地区，严重地威胁他的安全，使他不能不考虑今后的"存在"问题了。最后，这次西安事变实现和平解决，我党抗日民族统一战线政策取得成功，即将出现国共合作的抗日局面，这对于阎锡山也是很大的推动和影响……

周恩来对山西和阎锡山的情况简直是了如指掌，对问题的分析又是那么精辟、准确、合情合理，使续范亭感到十分惊异和佩服。虽然周恩来没有一一回答续范亭提出的具体问题，也没有给续范亭提出具体的解决办法，但却从根本上改变了续范亭的思想认识，解除了回山西工作的顾虑和怀疑，明确了前进的方向。

这次会谈一直持续了 6 个小时。当续范亭依依不舍地和周恩来告别时，他已胸有成竹，下定了决心。

03 奔赴山西战场

晋北前线督战

1937年3月初，续范亭以杨虎城将军代表的身份回到山西太原。阎锡山面对这位他早年多次通缉而不得的人物，一来因为时过境迁；二来续范亭是一位誉满全国的爱国将领和国民党元老，在富有革命传统的山西人民心中具有很高的威望，阎锡山此时又正在"抗日"问题上做文章，只得对他表示"欢迎"。续范亭则是诚心想要推动和帮助阎锡山起来抗日，所以愿意屈身在阎的手下工作。他对阎锡山说："只要总司令抗日，续范亭甘愿执鞭随镫，做马前卒，粉身碎骨，死而无怨。"

7月7日，日军制造了卢沟桥事变，全民族

抗战爆发。国民党政府划山西、绥远两省为第二战区，任命阎锡山为司令长官，统一指挥山西、绥远境内的所有军队。续范亭被任命为第二战区司令长官部高级参议。这个名义似乎很好听，级别也不低，但只是个空头衔，没有实权。

这期间，局势急剧变化。从前线拍来的电报纷纷送到司令长官部。续范亭看了这些电报，了解到日寇近10个师团侵占了北平、天津、保定、石家庄、南口等地之后，沿正太路、平绥路汹涌西进，直扑山西，进逼太原。蒋介石的十几万中央军和阎锡山的10多万晋绥军，望风披靡，未触即溃。续范亭心中十分焦急。阎锡山也是挨了一闷棍，眼看"阎家小王朝"摇摇欲坠，他现在也没有办法了。

在这种急剧变化而又错综复杂的情况下，八路军主力东渡黄河，浩浩荡荡地进入山西境内，日夜兼程开赴抗日前线，给山西人民带来了希望和光明，也使续范亭受到极大的鼓舞，增添了抗日的信心。就连被日军打得晕头转向的阎锡山，也似乎缓了一口气。

9月，续范亭陪同阎锡山前往长城线上督战。他们刚到达前线驻地，就传来消息：日军板垣师团已涌入平型关。八路军第115师出其不意，突然自灵丘南山袭击敌人，把敌人围困在10余公里长的一条山沟里。

正在此时，晋绥军前线指挥所拍来一份电报，第6集团军总司令杨爱源报告说：作为总预备队第71师的郭宗汾师长违背命令，不肯出兵增援平型关，已经耽误军机一天一夜了，最好请阎锡山司令长官亲自来此督战。

续范亭来到阎锡山的办公室，把杨爱源的电报交给了他。阎锡山看完电报，似乎也有些生气，一面把电报交还给续范亭，一面粗声粗气地骂道："一到打仗的时候，什么乱七八糟的事情都来了。一个总司令，治不住一个师长？哼，郭宗汾这小子，也太不像话了！"

续范亭看出这是个很好的抗日机会，就鼓励阎锡山说："违背命令，坐失战机，就是犯罪，就是对不起国家民族。你要是亲自指挥，打好这一仗，全歼日寇板垣师团，就会震动全国，鼓舞人民的抗日情绪和信心。不但打击了敌人的锐气，并且还可以一鼓作气，把敌人赶出山西，让他们再也不敢进犯。我看，你最好还是亲自去一趟。"

这一席话，触动了阎锡山的心事。阎锡山本来就不是真心抗战，只是因为日军已经打到了他们老窝门前，眼看连他统治了20多年的山西都快要完蛋了，土皇帝这个宝座更是摇摇欲坠，才被迫出来抗日的。这时，经续范亭这么一说，他只好鼓足勇气，由续范亭和第二战区军法处执法官张培梅陪同，星夜驱车赶往平型关前线晋绥军指挥部去。

到了指挥部，阎锡山紧紧闭着嘴唇，一言不发，慢腾腾地在太师椅上刚刚坐定，前来晋见的军官们接踵而至，转眼间站满了一屋子。房间里的气氛显得紧张、沉闷。大家望着阎锡山那副板起的面孔，谁也不敢吱一声。

与在场的军官们相比，郭宗汾的官阶不高，仅仅是一名师长，但他是阎锡山多年培植的心腹将领之一。他见大家沉默不语，便嬉皮笑脸，低声下气地先开口。他立正道："报告阎长官，不是宗汾不服从杨总司令的命令，说实在的，平型关这个仗，咱们就是不出兵，八路军也得打下去。已经接上火了，哪怕一个师全拼光了，他们也非干到底不可！"

郭宗汾说到这里，突然停住，贼头贼脑地望了望炕上坐着的续范亭和张培梅。执法官脸上毫无表情，续范亭却是神色严峻，炯炯的目光紧盯着他。郭宗汾急忙避开续范亭的目光，察觉出阎锡山对他的话并没有恼怒，于是又压低嗓音，谄媚地对他的主子接着说下去："再说，这个板垣师团非同小可，号称日军精锐。这样的对头，咱们的军队要是插进去，损失可小不了！阎长官，咱们得留点余地，不能把力量都豁出去啊！"

续范亭听了这些话，肺都要气炸了。他没有料到，郭宗汾竟然说出这种卑鄙无耻的话来！大敌当前，国家民族到了生死存亡的最后关头，身为国民党军的将领，却在想尽办法保存军阀实力，逃避战争。如果日军得势，国家民族灭亡了，你们还能保存什么样的实力？只怕要当亡国奴了！续范亭看了看阎锡山，只见这位战区的司令长官稳坐在太师椅里，跷起二郎腿，一声不响，也不知道他脑子里在打什么主意。续范亭掉转头来，看到那位军法处的执法官却神情悠闲，盘着双腿稳坐在炕头上，眯着眼睛，微笑不语，那神情似乎表示：此事早在咱执法官老张的意料之中，随阎锡山执法多年，什么样的新鲜事儿没有见过？还不懂得老阎的为人吗？续范亭又扫了一眼在场的将领们，也没有一个人出面表态，不禁深感失望。

郭宗汾很会察言观色，投机取巧。他看出这会儿阎锡山是不会处分他的，连忙借故退出了指挥部。阎锡山不仅没有给他处分，连一句责备的话都没有说。续范亭反而看到，阎锡山原来脸上绷紧的肌肉，慢慢地松弛下来，方才的满脸怒气被郭宗汾那一番知心话，说得烟消云散了。

阎锡山和军官们走出死气沉沉的指挥部，来到院子里呼吸新鲜空气，活动筋骨。可是，刚才那幕丑剧，一直在折磨着续范亭。他忍无可忍，对正在走廊上迈着四方步的阎锡山说："郭宗汾的话，处处表现了他对抗日的动摇，应该严厉纠正他。"

阎锡山站在台阶上，听了续范亭的话，似乎才恍然大悟。他拍着脑壳，使劲地跺了一下脚，大

声说："唉，刚才我忘了给他个钉子碰碰！"

续范亭和在场的高级军官们，看到阎锡山那副"痛心疾首"的样子，却说出这么一句话来，大家面面相觑，哭笑不得。

第二天，茹越口失守。阎锡山闭口不提支援平型关，反而命令靖国军退守崞县；平型关一线晋绥军各部，也奉阎锡山之命分路相继退却。指望阎锡山出兵抗日的希望破灭了。续范亭失望、痛苦、愤慨，但是自己无兵无权，无能为力，只得和阎锡山一起经五台返回了太原。

传来的好消息是，八路军第115师在平型关经过激战，歼灭日军1000余人，取得大捷，缴获了大批武器弹药和军用物资。这个消息使续范亭感到兴奋和激动，心里多少有些慰藉。

任"总动委会"主任

1937年9月，中共为了加强和阎锡山的统战关系，派出周恩来与其进行了多轮磋商和谈判，最终同意在察哈尔、绥远两省及晋北沦陷区或即将沦陷的地区成立第二战区民族革命战争战地总动员委员会（简称"总动委会"），受第二战区司令官领导，其任务是实施战争全面动员及组织游击战争。

9月20日，"总动委会"在太原宣告成立。经周恩来提议，阎锡山同意，续范亭任"总动委会"主任，共产党员程子华任武装部部长，南汉宸任组织部部长。使续范亭高兴的是，他的好朋友刘定安也在"总动委会"宣传部担任了工作，走上了革命道路。

这时，尽管战事吃紧，工作繁忙，生活艰苦，续范亭身体又有病，但他怀着满腔热忱，把全部精力投入工作，废寝忘食地开会、谈话、作报告、起草文件、发布指示，领导总会和各地分会的工作，从事各级统战工作，部署建立和扩大抗日武装，策划开展敌后游击战争。他终于有了用武之地，可以放手开展工作，为人民大众献出自己的力量。他感到精神愉快、兴奋、舒畅，浑身充满了活力和干劲。这正是他多年来所一直追求、渴望的，现在终于实现了！

续范亭获悉，晋绥军第196旅旅长姜玉贞在前线牺牲了。他和"总动委会"的干部们商量，决定联合太原市各界举行追悼大会，悼念阵亡将士，激励大家的抗日精神，批判那些民族败类。

这天，追悼姜玉贞的会场里挂满了各式挽联和抗日标语。祭台上陈列着鲜花、松枝、花圈和挽联。成千上万的群众，笼罩在悲哀的气氛里。会场宁静、肃穆。续范亭在祭奠仪式之后，上台讲话。他看着面前成千上万的悲痛的脸庞，看着那成千上万双亮晶晶的眼睛，他的心感到很沉重。他不由得想到阎锡山、郭宗汾这些家伙，他们手里握有兵权，却在那里逃避战争"保存实力"。阎锡山、郭宗汾那副丑恶的嘴脸，又浮现在他的眼前。他心情很激愤，不能再忍耐下去了，他要同阎锡山之流作斗争，要大胆地揭露那些民族败类的罪恶！他用激昂慷慨的语言，详细地向群众叙述了郭宗汾如何违背命令，拒绝出兵贻误战机，逃避战争"保存实力"的罪行；阎锡山身为战区司令长官，又是怎样地纵容、包庇郭宗汾……

续范亭刚刚讲完话，会场上就爆发了一阵响雷一般的怒吼声，人民愤怒了。千万群众列队走出会场，涌上太原街头游行抗议，一路高呼口号：

"打倒卖国贼！"

"惩办郭宗汾！"

"反对消极抗战！"

续范亭兴奋地走在游行的行列里，去找阎锡山请愿。在群众游行队伍的两旁，是共产党组织、领导的太原市工人自卫队，他们一个个身强力壮，手持武器，十分整齐、威武。看到他们，续范亭感到浑身有了力量，看到了中华民族的希望。

阎锡山听到风声，早已躲得不知去向了。

过了几天，太原市 500 多名青年学生举行抗日爱国集会，邀请续范亭去作报告。正在续范亭讲话的时候，人群中有人递上来一张纸条，只见上面写道："请你不要再跟那些青年们胡闹了！"

续范亭立即看出这又是汉奸特务们玩的鬼把戏，这帮家伙丧尽民族气节，躲在阴暗的角落里，专门破坏抗日爱国活动。哼，他在南京的时候，就跟他们的同行打过交道，没什么可怕的。现在不把这一小撮人的邪气打倒，正气就得不到伸张。他当即向会场的青年学生们宣读了这张字条。霎时间，会场上轰动了，群情激昂，有些青年愤怒地喊道：

"把这个写字条的家伙查出来！"

"有种站到台上去！"

"打倒汉奸！打倒卖国贼！"

……

续范亭瘦长的身子，镇定地伫立在讲台上，一双又黑又大的眼睛闪着亮光，望着那些激动的、热情的、洋溢着爱国主义精神的青年，内心生发了许多感触：中国的将来，就寄托在这些青年人身上。如果大家都能像这些爱国青年一样，中国就有希望、有救了。他又想到青年们对这些汉奸特务，对旧社会的肮脏事情，知道得太少了。我们这些经历过的人，要很好地帮助他们，关心和爱护他们。救国大事，只靠热情是不行的。

当会场逐渐安静下来的时候，续范亭才大声地继续说道："青年们，你们看到了吧！写字条的人不敢站出来。可见咱们抗日的力量是强大的，光明磊落的，只要我们坚持团结，就不怕敌人破坏！

在这里，我还要回答写这张字条的人：你回去报告你们的主子，就说续范亭愿意跟着新生的一代，一直到死！我们要坚决抗战到底，决不妥协投降！"

敌后打游击

1937 年 11 月 8 日，日寇侵占了太原。阎锡山带领着他的残兵败将，一溜烟跑到临汾去了。

这期间，续范亭已经率领"总动委会"的人员和一部分抗日武装，深入敌后，组建新军，开展游击战争。在短短的两三个月中，晋西北各县都成立了"动委会"，组织起了抗日游击队，实际上行使地方政权的职责和工作，取代了已经土崩瓦解的阎锡山的旧政权和日寇刚建立的伪政权。不久，这些抗日武装在续范亭和"总动委会"的领导下，整编为 7 个游击支队，共有 1 万多人，由续范亭统一指挥，同敌人展开游击战争。

这时候，阎锡山打着团结抗日的旗号，把黑

手伸向了续范亭所领导的"动委会"和抗日武装，利用第二战区司令长官职权发来"命令"。第一道命令是委任"总动委会"主任续范亭兼任第二专区保安司令，"总动委会"兼保安司令部，目的是限制"总动委会"及其抗日武装的活动。第二道命令是委派一批军政官员到第二专区保安司令部及所属各部队工作，目的是监视续范亭和一些共产党员、八路军干部，企图控制部队。其中，郝梦九就被任命为第二专区保安司令部政治处主任。第三道命令是限令续范亭于最短时间内，率领所部消灭盘踞在五寨县城内的日军。

续范亭接到第三道命令，立即把政治处主任郝梦九、参谋处主任张希钦找来。他把电报交给郝梦九，气愤地说道："你们看看，这个命令实在荒唐！"

在司令部里，指挥员们发生了争论。郝梦九夹着阎锡山拍来的电报，细着嗓子直叫唤："续司令，下命令吧，把3营拿上去打！"

"不行！"张希钦立即反对说，"一个营的兵力太单薄了，又没有重武器，怎么攻城？我们不能死拼。"

"这是阎长官的命令！我们怎么能违背这样的抗日命令呢？"郝梦九仗着有阎锡山作靠山，说话硬邦邦的。

"要我们抗日，这是对的。可是，也不能不顾实际情况瞎干啊！你们来看看，"张希钦走到地图前面，指着地图耐心地解释道，"五寨防线上，有集团军司令赵承绶的好几个军的兵力，为什么不命令他们去打？明知我们的部队还没有集结，却一定要我们去打，这是什么道理？这是真心抗日、消灭日军、收复五寨县城吗？"

"别人的事情，我们不去管他。我们有多少兵力，就应该按照阎长官的命令，全部使出来，和敌人拼！"郝梦九顽固地说道。

"这样干，不但消灭不了日军，还会断送我们的抗日武装，让日军把我们一个营、一个团吃掉。"

续范亭坐在长条凳上，弯着腰，默默地抽着烟。他明白，这一切都是阎锡山消灭异己的阴谋。他们不能上阎锡山的当，抗日武装一定要设法保存下去，并且还要发展壮大。他反复考虑后开口说道："好了，你们二位不要争论了。日本鬼子，我们肯定是要打的，但是，我们决不能轻易牺牲部队。我准备作出这几点决定：第一，下令各支队急行军赶赴五寨集结；第二，我亲自到前线去部署战斗；第三，把我们调动部队，准备战斗的情况给阎锡山打个报告。这样做，你们看行不行？"

张希钦听了首先表示同意，说："这样办很好，我们不但没有违背命令，而且还趁这个机会把部队集中了。"

郝梦九懒散地坐在一旁，没有吱声。经过续范亭再三地征求意见，他才勉强地说道："请续司令定好了。"

续范亭说："好，我们就这样决定了。给阎锡山的报告，就请梦九来写，请老张去发布命令。我们最好明天早晨就出发去五寨前线。"

张希钦当即起身去布置工作。郝梦九见他走出房门，才凑近续范亭，满脸堆着笑容，吞吞吐吐地说："范亭，这里，还有很多事情要料理的。"

续范亭立刻明白了他的意思。阎锡山派来的这位怕死的大烟鬼政治处主任，是不敢上前线的。

再说，他也根本不会打仗。续范亭冷笑一声，轻蔑地对他说："哼，你就留在司令部吧。"

第二天，续范亭跨上战马出发了，随行的有十几名参谋人员和警卫员。一路上，除了续范亭和张希钦偶尔交谈几句之外，青年人都不说话，显得有些拘束和沉闷。为打破沉闷、枯燥的气氛，续范亭提议大家来唱《国际歌》。

起初，青年们都有些不好意思，你看看我，我看看你，只是笑，就是不开口。后来经不住续范亭的再三鼓动，青年们终于唱了起来，可惜声音很低，连歌词也听不清楚。

续范亭不满地说："为什么声音这么低？《国际歌》本来是一首雄壮的歌嘛！来，鼓起劲，大声唱，当兵的还害臊？"

说罢，续范亭放开喉咙，大声地唱了起来。他那充沛的感情，豪放的性格，深深地感染了青年战士们，大家也都跟着放声歌唱。嘹亮的歌声，洋溢着满腔热情，气势磅礴，在深山幽谷里引起了回声，那沉睡着的山峦，似乎也被惊动了，苏醒了。

他们一路上说说唱唱，气氛十分活跃，人人

精神焕发，忘却了行军的劳累。

队伍到了一个村落，续范亭决定在那儿住宿。这里已经是五寨县的辖区，矮矮的黄土墙上，写满了大字标语："打倒日本帝国主义！""抗战必胜！"这些标语下面的落款，都写着"动委会"。续范亭见了心里非常高兴。

当天下午，续范亭一行到达项条坡镇，这里距离五寨城只有 20 多里。晚饭后，续范亭约了张希钦，一同到镇子上去看看。

镇子的西头有一所学校。操场上，战士们有的在打篮球，有的围坐在一堆说笑话、讲故事。他们那么兴致勃勃地说着、笑着，就连续范亭和张希钦走到他们跟前都不知道。

战士们终于发现了续范亭，有认得他的战士喊了一声"续司令"，虽然声音很低，可是大家都听到了，而且感到有些意外，纷纷站起来，急忙立正。

"坐下，随便坐下，不要拘束嘛！咱们继续摆'龙门阵'吧！"

续范亭亲切地说着，自己首先就地坐下去。

张希钦一旁招手示意，战士们这才围拢着续范亭，相继坐了下来。

续范亭盘起双腿，问："刚才你们在谈什么？"

没有人吭声。

"为什么不说话？我这个人很可怕吗？"

这一句话立刻把大家都说笑了，气氛也显得缓和了。

"你们在前线生活很苦吧？"

"不算甚。"一个战士大胆地回答说。

"不苦？那是假的。"续范亭看着那个战士说，"不过，为了打日本鬼子，让老百姓过好日子，我们吃些苦头算不了什么。民国三年的时候，我带领一支队伍打'洪宪皇帝'袁世凯，结果吃了败仗，队伍都跑散了，我一个人钻到中条山里藏起来，一连好几天没有见到粮食，到处找野果子来填肚皮，衣服都被荆棘拉成布条条了。现在我们有这么多人，老百姓都拥护我们抗日，比那时候可强多了。"

听说司令来了，战士们越聚越多，但很肃静，大家都在专心地听他谈话。

应战士们的请求，续范亭讲了一个自己亲历

的故事。他说："辛亥革命的时候，我在大同附近组织了一支远征队，全队不到 20 个人，只有 13 支快枪，其中还有几支是'哑巴枪'。一天晚上，我们偷偷地溜进了大同城门，站在城头上'叭！叭'放了一排枪，那些清朝的官兵以为是革命军派大部队来了，立即吓掉了魂，晃着辫子逃跑了。就这样，我们占领了大同……"

续范亭离开操场，又走进了连部。连长详细地向他报告了连队的情况以及五寨城的敌情。续范亭听了很焦急，目前还没有一个支队赶来集结，面对着五寨城的大批日军，我们身边却只有一个营的兵力，如果敌军突然来袭，处境是很危险的。

在返回住处的途中，续范亭问张希钦："调 1 支队的命令发出了没有？"

张希钦肯定地回答："早发出了。"

续范亭说："1 支队可是我们的主力部队啊，再派人去催促一下。"

经过长途行军，续范亭又累又乏，可是躺在床上又怎么也不能入睡，老是咳嗽，浑身都汗湿了。他只得穿上大衣，从枕头下面取出手电筒，没有惊动警卫员，一个人走出了房门。

夜色漆黑，镇子上十分寂静，没有一丝响动。寒风吹过，使他感到心胸舒爽，反而不咳嗽了。他裹紧军大衣，顺着大街信步走去。

"口令！"黑暗中，突然传来了一声严厉的喝问。紧接着是一阵拉动枪栓的响声。

"抗战！"续范亭随口应道。他这才发现，原来自己又回到那所小学校了。

哨兵辨认出是续司令，急忙持枪立正，并且要去报告连长，但被续范亭制止了。他想看看战士们住宿的情况，便走进了一间教室。他打开手电，只见临时搭成的木板床上，战士们横七竖八地躺在那里。一个年轻战士，身子冷得缩做一团。续范亭伸手摸了摸被子，是那样单薄。霎时间，一股热流涌遍全身，心里有些激动。他轻轻地脱下大衣，盖在了那个战士的身上。

次日，续范亭带领一支小部队，亲临五寨城外实地侦察，证实城内有1000多日军，城防坚固，戒备森严。续范亭决定不打这一仗，回到项条坡按兵不动，一面派人催促各支队赶来五寨，一面派人同八路军第 120 师取得联系，以便协同作战。不久，几个支队先后赶来五寨。这时，第 120 师正准备集中主力第 358、第 359 旅攻打五寨、岢岚一带的日军，续范亭立即带领各支队配合主力部队行动，在敌人的侧后开展广泛的游击战争，袭击敌人据点，破坏交通线，伏击运动中的敌人。经过十几天的激烈战斗，续范亭指挥各支队协助第 120 师连克五寨、岢岚、神池、宁武 4 座县城，迫使保德、河曲、偏关 3 县的敌人全线撤退，敌人占领的这 7 座县城全部被我们收复。

驳斥顽固派

1939 年 3 月 25 日至 4 月 22 日，阎锡山在其驻地秋林召开了晋绥军政民高级干部会议（称作"秋林会议"），共有山西新军，旧军师、旅级以上军政人员，地方专员及各中心区牺盟会和各群众团体负责干部160余人参加。续范亭作为"总动委会"

主任兼第二专区保安司令部司令参加了此次会议。

开会那天，续范亭来到会场，为了避免和阎锡山手下那一批军阀、政客、特务们应酬，他单独和集团军司令赵承绶坐在一起闲谈。不一会儿，阎锡山摇摇晃晃地走来了，后面紧紧跟着他的是那个非常善于吹牛拍马的工卫旅旅长郭挺乙。

阎锡山看见续范亭，装出一副亲热的面孔，走过去同他握手，并且在旁边坐了下来，很客气地对他说："咱们二战区开办了军官训练班，你们是不是也送一批连以上军官来受训？"

阎锡山的用心，续范亭是清楚的，不外是想在抗日新军的中下级军官中培植自己的势力。虽然他心里不屑一顾，但阎锡山是"上级"，所以他还是回答说："好吧，我回去就派一些军官来受训。"

阎锡山满意地点点头，然后侧过身去，望着站立在一边的郭挺乙，含沙射影地问道："你们工卫旅有没有进步分子？"

"没有。"郭挺乙显得一副奴才相，拨浪鼓似的摇着脑袋瓜，低声下气地回答说，"一个进步分子也没有。"

续范亭听了郭挺乙的回答，心里觉得又可气又好笑。工卫旅也是一支山西新军，是中国共产党领导的牺盟会组织的抗日武装，部队中的许多骨干分子就是太原沦陷时撤退出来的工人自卫队队员。

突然，阎锡山向续范亭问道："你们那里有进步分子吧？"

续范亭十分坦率地回答说："有！我那里都是进步分子！"

阎锡山听了，脸上一阵红一阵白，神色很不自然，愣了一会儿，才勉强笑着说："啊，危险咧。你不害怕吗？"

"那要看怎么说了，对于日本鬼子，我看还是危险一些好！"

赵承绶听着话头不对，担心老朋友得罪了阎长官，忙扯了一下续范亭的衣角，意思是不让他再说下去。续范亭装作不知道，只顾说下去。

"有甚可怕的？我续范亭又不当汉奸，为什么要害怕坚决抗日的进步分子呢？"说到这里，他爽朗地笑了起来。

阎锡山没有再说什么，不动声色地立起身子，对续范亭客气地点点头，然后不慌不忙地走到前边，宣布开会了。

阎锡山站在讲台上，一本正经地大谈其"唯中论""守土抗战"和"无条件存在"的谬论。说什么"'唯中论'的哲学是再妙不过了，正如八月十五的月亮，不多一点，也不少一点，又中又正，又满又圆，所以是最正确的"；说什么"无条件存在，就是一切为了存在，存在就是一切……"

阎锡山的这一套"理论"，续范亭早就听腻了，也早就看透了。所谓"唯中论"，说穿了，就是以自己的利益为中心；"守土抗战"，就是告诉日本人：我的抗战，就是为了守护我这块地盘，稳做土皇帝，只要你们不来侵占我的地盘，我不抗战也是可以的；至于"无条件存在"，不仅是暗示，简直就是明告部属：只要我们自己存在，可以不讲条件，不择手段，甚至投降敌人，也是"合法"的。

秋林会议是一次十分反动的会议，是阎锡山为了对日寇妥协投降、消灭晋西北的进步势力而召开的。

续范亭在会议上几次发言，他强调："日寇要灭亡中国，全国军民应该团结一致，加强抗日力量，实行全面抗战。"他还提出，抗日是全国人民的大事，应该采取民主的办法，由到会的人表明态度，一致作出决定。

出席会议的牺盟会和新军的高级干部，都是主张坚决抗日的。但在阎锡山的旧军政人员中，有不少人主张"保存实力，争取存在"。于是，双方在会议上展开了针锋相对的斗争。续范亭和牺盟会的同志始终坚决主张抗战到底，严厉驳斥了那些妥协投降派。

一次，续范亭激动地质问道："国家灭亡了，存在的是什么呢？是亡国奴的下场！中国人要有良心，就应该坚决抗日；只有打倒日本帝国主义，中华民族才能存在。现在是国家民族生死存亡的紧急关头，不抗日，国家就要灭亡，民族就无法生存，我们也无法存在，除非是当汉奸亡国奴。我相信，在座的大部分人，都是爱国的，不会甘心当汉奸亡国奴的。所以大家应该团结一致，坚决抗战到底……"

还有一次，续范亭站在会场上，痛哭流涕地向与会人员朗诵孙中山先生的遗嘱。

续范亭每次慷慨激昂的抗日言论，都使阎锡山很不安，显得十分尴尬。赵承绶更是诚惶诚恐，连连给续范亭打招呼，示意他不要再争论下去，续范亭装作没看见，根本不理会。

会议上的斗争很尖锐，争辩得很激烈，弄得阎锡山无法收场。阎锡山召集他的心腹急忙研究对策，最后拿出来的办法是：先不让大家讨论如何抗日，而要大家先讨论民主集中制。当续范亭和牺盟会的领导人对民主集中制提出了许多正确的意见后，阎锡山又不予采纳，竟厚颜无耻地说，民主集中制应当怎样解释呢？就是"由大家提意见，由我集中"。这么一来，使得会议更加陷于混乱，结果不欢而散。

大会结束后，阎锡山又召集他的特务组织头头们开小会，进行反共、投降的动员，大骂续范亭"是背上棺材抗战的，抗战一完，自己也就进棺材了。我们可不能背上棺材抗战"，还说"政权是刀把子，拿在我们手里可以统治人民，拿在人民手里就会危害我们，所以不能实现民主"。

秋林会议后，阎锡山的投降活动和对各地进步力量的进攻变得日益猖獗起来。

处理军营叛乱

1939年6月，阎锡山下令取消"总动委会"，同时取消第二专区保安司令部，将其所属第36、第37、第44团，于7月1日合编为暂编第1师（简称"暂1师"），续范亭任师长，另决死第13团划归旧军。续范亭很清楚，这是阎锡山在秋林会议期间策划的反共、反进步力量阴谋的付诸实施。只是在当时的情况下，阎锡山还没有公开彻底地投降日寇，续范亭还想尽最后的努力争取和团结他，只好接受和服从他的改编。

改编完成后，阎锡山集团加紧了对暂1师的削弱和破坏，部队内部进步势力同顽固势力之间的斗争日益激烈。

已被阎锡山集团收买的暂1师第44团团长冀聘之，为了分化和削弱该团的进步力量，开始对第2营营长王化南实施无端打压和刁难，并在部队中安插大量自己的亲信和顽固分子。7月31日，王化南感觉自己已无法在第44团立足，便拉着第2营到了正在宁武、崞县地区作战的八路军驻地附近，准备脱离第44团接受八路军的领导和指挥。后经八路军的规劝，第2营由各连连长、指导员带回归建，但王化南自己单独离开了第2营。冀聘之利用这一事件大做文章，诬陷说："2营哗变是共产党捣鬼。严尚林、张桂等人接受了第3纵队兼冀中军区政委程子华的指示，要把部队拉到冀中去，反对阎司令长官，破坏统一战线。"并乘机逮捕了从八路军调来的第44团政治部主任严尚林和共产党员、第2营教导员张桂等8人。

8月2日，第44团的共产党员潜回师部，及时向中共组织和续范亭报告"2营哗变"事件真相，揭露了冀聘之的反共阴谋。冀聘之并未将有关情况报告师长续范亭，而是通过赵承绶径自报告了阎锡山。阎锡山立即电令续范亭将严尚林等人押解第二战区司令长官部审问处理。

续范亭得知这一事件的情况后，立即将事件真相公之于众，揭穿了顽固派的反共行径。8月

22日，自感处境不利的冀聘之只好将扣押的严尚林等共产党员全部送回师部，此事才算暂时得以平息。

一天午夜，续范亭刚刚睡着，就被张希钦唤醒了："师长，有紧急报告！冀聘之把队伍拉走了！"

续范亭吃惊地问道："什么？冀聘之竟胆敢……"

续范亭愣了一会儿，从张希钦手中接过冀聘之留下的一封信，上面写道："由于王化南等叛变投敌，我等为了严防日寇偷袭，已主动将全团开往岢岚之友军防区去了……"

所谓友军防区，也就是赵承绶部骑兵第1军。这是赤裸裸的叛变啊！续范亭气愤地把信扔在一旁的桌子上，激动地在房间里踱来踱去。他脸色铁青，两只大眼睛射出逼人的光芒。冀聘之的叛变行为，的确使他震怒了。

张希钦轻声说道："冀聘之是冒用续师长名义，下令部队出发的。"

"部队出发多长时间了？"续范亭问道。

"据通信员说，出发有五六个小时了。"

怎么办？骑马去追，肯定会遭遇赵承绶的骑兵队，极端危险。派部队去收拾冀聘之，虽然第44团广大指战员是被蒙蔽的，消灭冀聘之一小撮顽固分子后把部队拉回来问题不大，但要插进赵承绶的防区中心，突破几个顽固军的重重包围，就会出现问题，闹不好就会打起内战，造成抗日民族统一战线破裂的局面。

续范亭苦苦地思索着，感到左右为难。这时，张希钦又从兜里取出一封信，说："刚刚收到彭358旅罗政委派人给师长送来的信。"

彭358旅就是彭绍辉旅长和罗贵波政委率领的八路军第120师358旅。续范亭急忙拆开信看。罗贵波在信中说，他因事路过岢岚和岚县交界的河口村，本拟前来暂1师看望续师长，因河口有急事需处理，一时脱不了身，但希望能和续师长见面谈谈……

续范亭看了信，心里一阵高兴，说："真是及时雨啊。我正好想找罗贵波政委征求八路军对如何平定第44团叛乱的意见呢！"于是，他把部队交给张希钦指挥后，带着警卫员立即策马赶往河口村。

续范亭见到罗贵波政委后，把情况作了简要说明，罗政委思考了一会儿说："2营哗变和44团叛乱，是阎锡山有计划、有组织进行的阴谋活动，我们已经得到了有力的证据。"

罗贵波政委取出一份材料交给续范亭看，原来是缴获的赵承绶给冀聘之的一封信，信上写了阎锡山集团指示冀聘之如何制造事件和策动叛变的真实情况。

当天夜里，续范亭把他拟订的平定叛乱行动计划，同罗政委和八路军其他干部交换了意见后，便匆匆离开河口赶回暂1师驻地。

张希钦见师长回来了，快步迎了上去。续范亭高兴地说："参谋长，请立刻下令：让36团、37团急速做好战斗准备，待命出发。咱们去平定叛乱的冀聘之一伙！"

续范亭立即召开紧急军事会议，研究作战方案。这时，一名作战参谋轻悄悄地走进来，向续范亭报告说："44团的赵连长带着5名战士，从赵承绶防区里跑回来了。"

续范亭高兴地说:"好!请那位连长来这里参加会议,其他战士让政治部好好照顾他们休息。"

不一会儿的工夫,赵连长就进了屋,左臂负了伤,脖子上吊着绷带。张希钦认识这位连长,还是中共党员。赵连长见到师领导,非常激动,哽咽着把事情的经过作了汇报。

"那天夜里,我们被带进顽固军的防区,才知道上了当,大家都要返回暂1师,可是发现我们已经被包围了,队伍的前后左右全是荷枪实弹的顽固军,比我们多几倍,一直把我们押送到他们防区的中心地点。我带着6个战士,趁他们不备跑了出来,他们发现后向我们开枪!有1个战士被打死了,我也负了伤……"

"你们是第一批回来的,是好样的!我相信44团还会有更多的指战员陆续返回来。"续范亭脸色铁青,来回踱步,突然停下对在场的人们说,"只是这样做,付出的代价太大了,跑出来7个人,就伤亡2人,太可惜了。这笔账,总有一天我们要跟阎锡山、赵承绶清算!"

赵连长恳求地说:"师长,请你赶快下命令营救 44 团吧！"

续范亭告诉他："我们现在开会，就是研究行动方案。"

赵连长听后高兴地说："请师长给我任务。"

"你负了伤，需要休息。"

赵连长急切地说："师长，我这点伤算不了什么。还有那么多战士被囚在那里，都在盼望着师长去营救，都盼望着回到 1 师来呢！"

续范亭点了点头，说道："好吧，你参加我们的会。行动时，就请你给部队带路。大家都请坐下吧！"

会议一直开到傍晚。最后决定兵分两路出击：续范亭亲自率领第 36 团从正面切进，第 44 团政治处主任严尚林等八路军干部随同；另一路为第 37 团，自背后包抄，第 44 团 2 营教导员张桂等八路军干部跟随第 37 团。

出发那天，正遇上漫天大雪，气候十分严寒。续范亭来到集合场地，看到有的战士还没有穿上棉衣，心里一阵难过。他估计在这样风雪交加，辨不清道路的情况下，第 37 团的行动路线又比较远，不一定能够按时到达第 44 团驻地背侧，因此决定让战士们暂回营房里休息一会儿，等风雪稍小些再出发。结果，到了预定时间，只有第 37 团一个团神不知、鬼不觉地在雪夜中插进了赵承绶的防区中心，他们在黎明时开始行动，而此时第 36 团竟没有来得及赶到。当冀聘之发现第 37 团已经逼近第 44 团团部时，他立刻慌了手脚，急急忙忙带着一部分叛徒，从包围圈的空当中穿出去，溜回赵承绶司令部所在地的村子里去了。

　　第 44 团大部分指战员，起初发现上了冀聘之的当，可是已经被囚在赵承绶的防区里，一时无可奈何，心里都急切地盼望着能够返回暂 1 师。这时，他们看到第 37 团过来了，是专门来接他们的，很快集合起来，趁着天色未明，静悄悄地绕过赵承绶军队驻扎的村镇，急忙离开赵承绶的防区。这会儿工夫，赵承绶还在蒙头大睡呢，等他见了冀聘之，听到报告时，第 37 团和第 44 团已经进入暂 1 师防地了。他又是懊悔，又是恼怒，几万大军竟看不住一个团，而且没有一处驻军或哨所发现他们的行动。然而木已成舟，他也无可奈何了。

续范亭看到第 44 团这么快就被第 37 团接回来了，感到很高兴，同时由于没有把冀聘之和另外几个叛徒捉住，他心里又十分懊悔，更懊悔自己带的第 36 团没有及时赶到。他向同志们检讨说："是我的妇人之仁，贻误了战机！"

　　续范亭立即对部队进行整顿，任命严尚林为第 44 团团长兼政治处主任。与此同时，他以暂 1 师师长和全体官兵的名义，向全国发表了声明，揭露冀聘之等人的叛变真相。延安中共中央机关报《新中华报》全文刊登了这一声明。续范亭平定了第 44 团的叛乱，镇压了反动军官的破坏活动，打击了顽固派的气焰，给了阎锡山、赵承绶一伙当头棒喝。

飞马报急

　　1939 年 12 月上旬，续范亭接到第 7 集团军总司令赵承绶的通知，要他出席 16 日在兴县召开的高级军事会议。这次会议是阎锡山和赵承绶密谋已久的反共高级军事会议。阎锡山和赵承绶认为续范亭不过是个爱国的正人君子，是一个有近30年党龄的老国民党员，续范亭最终不会倒向共产党，共产党也绝不会信任他，而续范亭有实力，在山西人民中威望很高，可以利用他的社会地位和声望来欺骗和蒙蔽公众，反复权衡之下还是邀请他参加了这次十分机密的反共军事会议。

根据续范亭对阎锡山、赵承绶本质的了解，特别是最近的形势变化，可想而知这次会议不会是什么有利于团结抗战的会议，肯定凶多吉少，要冒很大风险。但不入虎穴，焉得虎子？他若前去出席这次会议，既可表示团结的诚意，又显得毫无戒心，可以通过会议观察对方的虚实和动向。

续范亭匆匆准备了一下，带着两名警卫员跃上战马出发了。一行三人昼夜兼程，于16日上午到达开会地点。到了会场大门外，续范亭跳下战马，把马缰绳交给警卫员，匆匆嘱咐他俩："不要走远，随时注意动向，拉着马在附近遛遛，喂些草料，我的马就拴在大门旁的树下，也不要卸掉鞍子，准备一开完会就返回师部。"

续范亭走进会场一看，参加会议的全是旧军的将领，没有八路军的干部，新军也只有自己和那个工卫旅旅长郭挺乙。他的心里顿时就明白了，这是一次搞阴谋的会议。宣布开会以后，主持会议的赵承绶拿起示意棒，指点着挂在墙上的晋西北地区军用地图比比画画地说道："阎长官已向全国发表通电，宣布了决死二纵队的叛国行为，已任命陈长捷为讨叛军总司令，正在对决死二纵队进行合围，努力歼逆。根据情报：决死二纵队和八路军晋西支队企图从晋西南突围，转移到晋西北来，与彭358旅和决死四纵队会合。我奉阎长官命令，已派重兵封锁了汾离公路，不放他们过来！……"

续范亭听到这里，浑身一震，立刻警觉起来。他已经预感到事态发展的严重性，而且将会更加恶化。他振作精神，一边专注地听赵承绶讲话，一边认真地审视作战地图，迅速地在本子上记下要点。

赵承绶介绍了在晋西南、晋东南地区旧军对八路军和新军进行的战斗形势后，接着谈当前晋西北地区的形势和旧军的任务。至此，会议进入高潮，暴露出这次兴县高级军事会议的实质和目的。赵承绶最后传达阎锡山的命令：在"饿死八路军，困死八路军，拖死八路军"的基础上，进一步消灭八路军。为配合晋西南、晋东南地区晋绥军向八路军和新军的进攻，命令赵承绶统一指挥晋西北地区的晋绥军，消灭八路军第 120 师彭绍辉所部第 358 旅，消灭共产党的地方抗日武装和游击队，控制晋西北，从而把共产党在山西的组织和军队一网打尽！赵承绶在会议上还宣布了行动方案和兵力部署……

续范亭望着凶相毕露的赵承绶，听到这些杀气腾腾的话语，心脏不禁"咚咚咚"急骤地跳动起来。这时，他忽然联想到：八路军在晋西北的兵力只有一个彭 358 旅，新军也只有暂 1 师、工卫旅和决死四纵队，兵力处于劣势；而阎锡山用来包围、进攻的兵力，竟有四五个军，外加几千名日军的配合，八路军和新军怎么抵挡得住呢？何况旧军和日军已集结了兵力，八路军和新军各部队还分散在各处打游击；旧军和日军是采取突然偷袭，八路军和新军却是猝不及防……这可真是到了火烧眉毛的危急时刻了。他压抑着内心的愤怒，审视着会场上的动静，经过冷静的思索之后，决定三十六计，走为上计，立即就走，不能等散会，到那时不知还会出什么新情况，或许自己会被赵承绶扣押，连脱身的机会都没有，必须立即出走。

续范亭猛吸了几口烟，捏掉烟头，稳了稳神儿，然后不慌不忙地站起来，走到赵承绶身边，轻声说了句："出去方便一下。"赵承绶并没有疑心，反而笑眯眯地频频点头。续范亭神态自若地向会议室外面走去。在场的一些旧军将领们，见他先同赵承绶打了招呼才走的，也就没有注意。

续范亭走出会议室，径自走出大门，也无法招呼他的两名警卫员，直接跨上拴在街旁一棵柳树下的战马，挥鞭疾驰而去。

续范亭并没有踏上返回暂 1 师师部的道路，而是一直朝着岚县普明镇以南的史家庄——八路军第 120 师彭 358 旅旅部驻地奔去。他跨在马上，两腿紧紧地夹着马肚子，不住地扬鞭催马。战马昂首嘶鸣，一蹿几丈远，跑得飞快。数九寒天，只听

得耳旁风声飕飕，耳朵、脸上和手上被寒风吹得麻辣辣的，两只脚都冻得发僵了。然而，他的怀里却像揣着一团火，那么炽热，心情十分焦急，既为彭358旅和决死四纵队的处境担忧，又提防着身后赵承绶派兵追来，真是恨不能眨眼之间飞到史家庄。

续范亭风尘仆仆地赶到史家庄，走进彭358旅旅部，一见到彭绍辉旅长和罗贵波政委，当即把赵承绶在兴县召开高级军事会议的情况，全盘告诉了他们，并且强调说明：这一回，阎锡山、赵承绶顽固军的决心很大，不消灭八路军不肯甘休；根据他们的作战部署，在几天之内就要展开军事行动了。

续范亭带来的消息太重要了。目前，中共晋西北区委和彭358旅旅部仅有一个营的兵力，还以连为单位分散驻在各村搞群众工作。如果顽固军开过来，战斗一旦打响，区党委旅部和这些零散部队肯定要吃大亏。还好，消息及时，目前还有时间集结部队，做好反顽战斗准备，但仍显兵力不足。

面对十分危急的情势，续范亭果敢地表示："敌人来了，可以先把暂1师顶上去打！"

叔侄统兵阵前相遇

　　续范亭与彭 358 旅的彭绍辉旅长和罗贵波政委研究完作战方案后，便策马离开史家庄。他先到了第 37 团团部所在地，恰巧第 37 团团长正与各营营长开会，见师长突然走进来，他们一时不知道出了什么事。

　　续范亭见大家还在发愣，开口说道："你们都在正好，师部命令：各营立刻做好战斗准备。只要阎锡山的任何部队开过来，只管打！不用再向师部请示了。"

　　接着，续范亭简要地向大家介绍了顽军破坏团结抗日，发动进攻八路军的情形，布置完任务后，又强调"现在最重要的是抓紧时间，一分钟也不能耽误。要对战士们讲清反顽战斗的重要意义，如果我们不作抵抗，顽固军就会消灭我们和八路军"！随后立刻返回师部。

傍晚，续范亭回到五寨暂1师师部，他向张希钦参谋长和政治部负责人详细地说明了兴县军事会议和史家庄会见彭旅长和罗政委的经过。他要政治部把跟八路军合作，反击顽军，争取继续抗日的重要意义，深入细致地传达给全师指战员，并当即发出命令：要求各团星夜出发，急行军赶往岚县。

这时候，他带到兴县的那两名警卫员回来了。原来，两个警卫员发现散会后不见师长的踪影，一时慌了神。他们见师长的马不在，忽然想起师长会前的嘱咐，也明白了一二，于是二人立即跑回来向参谋长报告。当他们见到师长在师部时，这才放下心来。

部队出发前，各营、连进行了宣传动员。战士们听说顽固军不打日本侵略者，却来进攻英勇抗日的八路军，个个义愤填膺，摩拳擦掌，反击顽固军的情绪高涨，纷纷表示：阎锡山的顽固军胆敢进攻八路军，就狠狠地打击它！

当续范亭率领暂1师进入岚县时，侦察员报告：顽固军已经出动了。也就是说，在暂1师前进的道路上，随时会遇到顽固军的进攻。续范亭打

开地图，同张希钦一起选择好防御阵地，制订了
阻击顽固军的作战计划，随后下令各团进入战斗
准备。

在师部临时指挥所里，续范亭坐在木凳上，
默默地抽着旱烟。虽然已经一天一夜没有合眼，而
且是在紧张的奔波和行军中度过的，可这会儿他没
有一丝倦意，他抑制着战斗前夕有些紧张的心情，
还在反复考虑着战斗部署。

不一会儿，参谋长张希钦从前沿阵地布置任
务回来，刚走进师临时指挥部，续范亭连忙问道：
"参谋长，顽固军的进展如何？"

张希钦喝了一口水，说道："顽固军的先遣部
队，离咱们36团阵地只有10多里路程。"

续范亭掏出怀表看看，估计再有一个多小时，
顽固军就会赶来，战斗就要打响了。想到这种局
面，他自己也觉得有趣，当初他回到山西，一心是
要打日本侵略者，没料到竟又同老冤家阎锡山、老
朋友赵承绶打起来了。他望着张希钦，用讥讽的口
吻问道："不知顽固军的先锋大将是哪一员？"

"是续靖夫。"张希钦随口说道。

"续靖夫？"续范亭不由得一愣，觉得很意外。

张希钦肯定地说："是啊，侦察员已经查明，还抓回来了'舌头'，顽固军的先遣司令就叫续靖夫。"

续范亭长吁了一口气，脸色变得开朗起来，似乎肩上的千斤重担忽然减轻了许多。他不慌不忙地抽着烟斗，神色悠闲地看着烟斗上爆出的小火花和一缕缕青烟，禁不住微微地笑了。张希钦感到有些诧异，两眼直直地望着他。续范亭却对张希钦眨了眨眼睛，风趣地说："我看，这一仗，十有八九是打不起来了！"

张希钦听了，更加莫名其妙。于是，续范亭向他解释自己的估计和看法，但最后还是说道："不过，有备无患，咱们还是要做好打的准备。"

果然，事情的发展正像续范亭所预料的那样。

顽固军的先遣部队大摇大摆，浩浩荡荡地向岚县推进。他们自然知道八路军留在晋西北的部队不多，且驻地分散，一定来不及集中。自己的兵力众多，装备精良，补给充足，又有日伪军可以配合行动，消灭彭358旅旅部和一些零星部队，根本不在话下。所以，那些大兵们趾高气扬，十分骄傲，一路上吊儿郎当地走着。

他们进入岚县不久，忽然发现前面有大批部队严阵以待，拦住去路。顽固军吃惊不小，霎时慌张起来。

先遣司令续靖夫和他的副司令在大队后面，发现前面有些乱了套，急忙派人查问。当他们听到前面有大军拦住去路的报告，同样大吃一惊。八路军又不是神兵天降，他们从哪里得知我们要来进攻的消息呢？彭358旅怎么可能在一天多的时间集中这么多兵力呢？贺龙、关向应的120师主力，难道是从晋察冀插翅飞回来了吗？这才是天大的怪事！续靖夫向身边的参谋们问道：前面有多少部队？什么番号？为何拦住去路？参谋们面面相觑，谁也不知道。续靖夫打骂他们无用，亲自策马赶到前面看个究竟。

这时，迎面奔来两名侦察兵，向续靖夫报告说："报告续司令，前面不是八路军！"

"是哪一部分？"续靖夫又奇怪又着急地问。

"续范亭的暂1师！"

续靖夫不由得怔住了，好一会儿说不出话来。他曾经听参加兴县军事会议的高级长官们议论过，说是续范亭拒绝参加打内战，中途逃离会场，有人主张把他追回来，赵承绶怎样护着他……

现在，他把全师从五寨防地拉到岚县来干什么？他们是要协同我们进攻八路军呢，还是要帮助八路军打我们？续靖夫的脑子里简直是一盆糨糊。他一面下令部队暂停前进，一面派出得力的参谋人员到前沿去查明情况。

不大会儿工夫，几名参谋人员气急败坏地从前边跑回来了，交给续靖夫暂1师油印的传单，上面写着"呼吁团结抗日，坚决反击顽固军的进攻……"霎时间，续靖夫的脸色变得刷白。他明白了，原来续范亭站到了八路军一边，要来跟我们火拼了！怎么办？是打还是撤？他犹豫了一会儿，下决心说："命令各部，立即从原路向后撤！"

他跟前的参谋们听了，一时都呆住了，就连那位先遣部队的副司令，也瞪圆了两只小眼睛，莫名其妙地望着他。

续靖夫看到大家愣在那儿，没有一个人行动，不禁怒气上升，厉声喝道："还不快去传达命令！要是接上了火，我要砍掉你们的脑袋！"

参谋们这才像惊弓之鸟，逃命似的飞散开，到各部下达命令去了。

副司令是最了解续司令那种火暴脾气的，他小心翼翼地问："续司令，怎么往后撤？"

"阎长官和赵司令要我们打的是八路军，没有要我们打暂1师呀！"

"他们已经站到八路军一边了……"

"所以要回去请示阎长官和赵司令。"

"可是……"副司令有些吞吞吐吐地说，"要是贻误了消灭八路军的军令……"

续靖夫不以为然地说道："军情有变化嘛！"

"这个……这个仗打不得！"续靖夫见他的副司令脑瓜不开窍，压低声音解释说，"论辈分，续范亭是我的叔叔。侄子怎么能拿枪打自己的叔叔？！"

副司令明白过来了，可是他仍然顾虑重重地说："那么，阎长官……"

"责任有我续靖夫担待。"他有些不耐烦地挥了挥手说，"请你和参谋长亲自到各部队去看看，督促他们执行命令，坚决后撤，一定要严禁开枪，违者军法从事！"

暂 1 师阵地前的顽固军先遣部队不战而退了。这使彭 358 旅和新军各部缓了口气，可以利用这一段短暂的时间，抓紧集结部队，准备进行自卫反击。

指挥反顽战役和协助反"扫荡"

1939 年 12 月 30 日，中共晋西北区委根据中共中央的指示，成立晋西北拥阎讨逆总指挥部，续范亭任总指挥，彭绍辉和罗贵波协助指挥，以便于统一指挥彭 358 旅和新军各部进行反顽战役。

在续范亭的主持下，彭 358 旅和晋西北新军各部队领导人，当即举行了联席军事会议，分析当前形势，部署反顽斗争任务，制订作战计划。续范亭在会上简单明了地说道："现在，决死二纵队已经离开晋西南，正在摆脱顽固军和日军的合击，边打边向我们靠拢。在晋东南，顽固军已向决死三纵队发动袭击，残杀了许多共产党员和地方抗日干部。在晋西北，顽固军也举起屠刀向我们头上砍过来了。总之，阎锡山已经发动了大规模的反共高潮。我军为了自卫，打击投降派，争取继续抗日，并支援晋西南、晋东南兄弟部队的反顽战役，我们要立即坚决奋起反击，毫不留情地打击顽固军！"

军事会议经过缜密的研究和部署，制订了反顽战役的作战计划。

1940年元旦，总指挥续范亭发出作战命令，新军对顽固军的反击战打响了！1月2日，右纵队占领了临县的寨上村，当时顽固军正在村里过年，打家劫舍，杀鸡沽酒，一听到枪响，便仓皇向临县县城逃窜。左纵队同日攻占了开府。经过几天的激战，左右两纵队已由东北两面将顽固军压缩在临县县城附近。

从反顽战役一开始，续范亭就把重点打击对象放在消灭顽固军，尤其是消灭他30多年的老朋友赵承绥的军队上。他早已经认清阎锡山、赵承绥卖国投降的罪恶阴谋，但为了争取和团结他们抗日，续范亭已经做到仁至义尽。肺病和肠胃病折磨着续范亭的身体，在艰苦的战争环境里，他的疾病得不到治疗，也没有药品服用，身体一天不如一天。时值数九寒天，寒风凛冽，生活困苦，加上繁重的军事指挥工作而顾不得休息，他不断地咳嗽、气喘、发低烧，有时吃不下饭，睡不着觉。他仍夜以继日地指挥作战，了解敌情，听取战斗汇报，审核作战计划，给各部队下达进攻命令……

彭 358 旅和新军各部的首长，很关心续范亭的健康，再三劝他要爱护身体，注意休息，为国家民族工作的机会还有很多，眼前不要太劳累，不要把身体搞垮了。续范亭非常感激战友们对他的关心和爱护，但他还是恳切地对大家说："谢谢同志们的关心和爱护，我的身体支持得住。这次反顽战役，不单是为了抗日武装打开一条出路，也是自己开始走上的革命新路。这场生死存亡的斗争，我一时一刻也不能放下工作……"

续范亭密切关注着各部队的战斗进展，随时了解和分析火线上的情况，作出判断，下达战斗命令。当他知道战士们由于缺乏装备、给养，竟赤着脚在雪地里英勇顽强地打击顽固军时，他感动得流出了眼泪；当各部队胜利的消息送到总指挥部时，他感到了极大的欣慰和鼓舞。

新军的反顽战斗取得节节胜利。1月10日，总指挥部乘晋西南顽固军尚未北上之际，决心集中兵力，消灭顽固军赵承绶、郭载阳两军于临县地区。当即将晋西北各部编为右集团，自白文镇沿大川直趋临县；决死二纵队和晋西支队编为左集团，由方山、圪洞向临县进攻。同时，中共中央军委命令王震部第359旅东渡黄河，到碛口地区配合作战。

这时，临县地区的顽固军已经处于弹尽粮绝的境地，晋西南顽固军的增援也未到来，陷于恐慌混乱之中。赵承绶估计晋东南和陕甘宁边区的八路军主力已开到晋西北，即将从四面合击临县，他为了保存实力再图反扑，便在1月13日率领顽固军弃城逃窜，一路经宣宜沟、清凉寺，又经三交镇向南撤退。

1月20日，八路军和新军左右两集团在临县胜利会师。在庆祝胜利会师的大会上，续范亭报告了事变的经过和这次反顽战役取得的胜利及重大意义。

会师大会后，正式成立了晋西北新军总指挥部。续范亭担任新军总指挥，罗贵波任政治委员，统率暂1师、决死第二纵队、决死第四纵队、工人自卫旅等部。

2月1日，由续范亭主持，在兴县召开了有各党派、各军、各群众团体代表参加的第一次行政会议。会上通过了晋西北抗日民主政府的施政纲领，并决定正式成立晋西北行政主任公署，作为新政权的领导机关。续范亭被推举为行署主任。

行政会议结束后，续范亭立即着手进行财政经济的恢复工作，确定"开源节流，自力更生"的财经工作方针，颁发发展生产，改善民生，减租减息，公粮政策等进步法令。

2月26日，续范亭赴临县窑头村参加第120师和新军旅以上干部联席会议。会议根据晋西北的战略任务，对军事工作作了统一部署，制订了新军4个月整训计划和新军中党的工作的决定。会后，续范亭于当天下午回到新军总指挥部，顾不得疲劳和饥渴，立即召开团以上干部会议，传达联席会议精神，布置新军今后的工作。

在续范亭和总指挥部的主持下，晋西北新军共编为6个大团和5个小团，共有1.2万多人，长短枪5550支，轻机枪215挺，重机枪14挺，迫击炮6门。不久，晋西北军政委员会决定给新军补充3000名新战士，进一步充实了新军的力量。

新军在共产党、八路军的领导和帮助下，胜利地完成了整训工作。这时，日寇经过一系列的战役准备之后，以两万多兵力对晋西北抗日根据地进行规模空前的大扫荡。续范亭率领新军，配合第120师投入反"扫荡"战斗。在不到一个月的时间内，新军各部进行大小战斗135次，毙伤日伪军3100余人，俘虏50余人，缴获枪支350余支，战马120匹，以及其他许多军用品。有力地配合第120师彻底粉碎了敌人的大扫荡，紧接着又投入到百团大战之中。

11月7日，中央军委批准成立晋西北军区，由第120师领导机关兼晋西北军区的领导机关，贺龙为司令员，关向应为政治委员，续范亭为副司令员，周士第为参谋长，甘泗淇为政治部主任。

不久，日寇又开始了冬季大扫荡。这次扫荡在战术上采取所谓"铁壁合围""梳篦式清剿""马蹄形堡垒线"等手段，并实行空前残酷的烧光、杀光、抢光的"三光"政策。在扫荡中，不仅袭击我领导机关及我军主力，而且无情地屠杀人民群众，烧毁房屋，破坏我军民的生存条件，企图彻底摧毁晋西北抗日根据地。

面对日寇的野蛮残酷行径，续范亭布置完群众的安全转移工作后，带领行署的同志们也连夜开始转移。近来，他的肺病和肠胃病都复发了，浑身发烧，不断地咳嗽，有时还吐血。他很少吃东西，也很少能够睡着觉，但他时刻不忘领导行署的工作，指挥部队作战。

这期间，使他觉得最困难、最沉重的一副担子，就是粮食问题。晋西北人民由于长期遭受阎锡山军阀统治的横征暴敛，又遇连年灾荒，人民生活一向十分贫苦，加上日寇连续3次大扫荡，边区几百万军民的吃粮问题就更加困难了。八路军和新军的战士们，在战场上同敌人拼死作战，有时要同敌人进行肉搏，但他们一天只能吃到一顿黑豆或者一顿糠，这样下去，怎么能坚持长期抗战呢？续范亭想到这些，心急如焚，坐卧不安。他不分日夜地带病四处奔波，召集同志们商议，想尽办法筹集粮食，一定要争取做到兵马未动，粮草先行。

频繁的战斗，繁重的工作，紧张艰苦的生活，使续范亭的病情不断加重。他已积劳成疾，在严重的肺病和肠胃病的夹攻下，终于支持不住病倒了。他开始发热、咳嗽、气喘、吐血，吃不下东西。有一个多月，他躺在床上不能行动，时常昏迷不醒。在艰苦的战争环境里，没有医疗设备也没有药品，眼看着他的病情一天天恶化，身体一天天消瘦、衰弱下去，同志们心里都很焦急，为他担忧，难过得流下了热泪。

续范亭心里也明白，自己的病是很难好了。他以顽强的毅力，同疾病作斗争。他对前来看望他的同志们说："我不怕死，可是现在我还不会死。我要看到日本帝国主义失败，蒋介石和阎锡山倒台才甘心！"每当他从昏迷中清醒过来时，照常向武新宇和行署、军区、新军总指挥部索取公文函电，依榻批阅，处理工作。

经过 37 天的艰苦奋战，晋西北抗日根据地的军民终于粉碎了日寇的冬季大扫荡。当听到这胜利的喜讯时，续范亭才轻松下来，在同志们的劝说下，才同意去延安治病。他也十分想见见毛泽东、周恩来等共产党的中央领导人。

延安休养

感受延安新气象

1941 年 4 月初，续范亭被送到了延安。躺在担架上的他到达党中央所在地杨家岭时，毛泽东等领导人特地到山坡等待、迎接他。

续范亭在延安受到毛泽东和中央领导同志无微不至的关怀。刚到延安的时候，他就住在杨家岭与毛泽东临近的窑洞里，他们不时地见面，亲切地交谈。续范亭不仅聆听到毛泽东对中国局势高瞻远瞩的看法和抗战到底的坚定决心，也目睹了共产党人为民族独立、人民解放而从事的伟大事业。他终于看到了国家的希望、民族的希望，也庆幸自己跟着共产党才是最正确的选择。

续范亭在杨家岭稍作休息后，便住进了延安城东 15 里柳树店的白求恩国际和平医院，得到精心治疗，病情有了好转。治疗期间，经常有中央领导同志前来看望，毛泽东也专程来看望过他。续范亭由衷地写道："延安如故里，诊疗施百般；衣食愧饱暖，同志复时看。"

11 月 6 日，陕甘宁边区参议会第二届第一次会议开幕。会议在延安新落成的参议会大礼堂举行，续范亭被特邀参加。这天，续范亭的心情特别愉快，很早就来到了喜气洋洋、充满节日气氛的大礼堂门前。他同所认识的人们握手，亲切地问候和交谈。许多过去不相识的参议员，当知道这个穿军装的高个子就是续范亭的时候，急忙走过来，像老朋友一样询问他的健康情况。同志们的感情是那么真挚、热忱，充满了敬意和关怀，这使续范亭又感动，又不安，一再向他们表达谢意。正在这时，他忽然看到朱总司令迈着稳健的步伐，笑呵呵地向他走来。他急忙迎上前去，和朱总司令紧紧地握手。

朱总司令关怀地说："你身体有病，这么远还赶来开会，不要太累了。"

"我的病已经好多了，谢谢总司令的关心。再说，这里……"续范亭用手指了指边区参议会大礼堂，"是全国最好的医院——民主医院啊！"

朱总司令和续范亭爽朗的笑声，在阳光灿烂的山坡上飘荡。他们站在人群旁边，亲切地交谈着。这时，续范亭忽然想起来，有的同志曾经告诉他，朱总司令不但善于指挥打仗，也很会写诗，而续范亭对诗是十分爱好的。他当即对朱总司令说，很希望有机会看到朱总司令作的诗。朱总司令呵呵笑着，谦虚地说："我作的诗不好……"

说话间，只见一位中年农妇，怀抱着正在哭闹的孩子，从他们面前走过去了。那农妇一边哄孩子，一边焦急而匆忙地走向礼堂，看样子唯恐耽误了什么事情。续范亭用惊奇的目光注视着她，直到她的身影消失在礼堂门口的人群中。

旁边正有一位《解放日报》的记者，发现续范亭那有些疑惑的眼光，便对他解释说：这位妇女是延安市选出的一名参议员，名字叫康秀英。续范亭听了，默默地点点头，陷入了沉思。

大部分参议员已进入会场，山坡上的人渐渐

稀少了。续范亭和朱总司令一起，从东边的侧门走进大礼堂，在前排来宾席上坐下来。望着济济一堂的参议员们，续范亭禁不住思潮汹涌，无限的感慨浮上心头。30年来，他信仰孙中山的三民主义，追求真理，渴望出现一个自由、民主、独立、富强的新中国，可是，他的理想一次又一次地碰壁，像肥皂泡一般破灭了。革命的目的，并没有因为他"剖腹救国"而实现。今天，在中国共产党和毛主席的领导下，边区呈现出生机勃勃的政治民主生活景象，革命在前进，他所追求的理想在逐步实现。

边区参议会举行了隆重的开幕式以后，大会秘书长南汉宸宣布："请国民党前辈、晋西北行政公署主任、山西新军总指挥续范亭先生讲话！"

礼堂里立刻爆发出热烈的掌声。续范亭红光满面，激动地走上了主席台。他站在几百名边区参议员和来宾面前，浑身热血沸腾，心脏"怦怦"地急促跳动着。能够在民主的大家庭里自由地发表意见，畅所欲言，这是多么幸福啊！他抑制着自己热情奔放的感情，大声讲道："各位参议员，各位首长，各位来宾：我能够参加这样的大会，感到非常荣幸。记得民国十三年，孙总理在北京的时候，就主张召开国民会议，反对'善后会议'，但是，由于许多人妥协投降，结果把孙总理气死了！孙总理在遗嘱中说：最短期间，召开国民会议。'最短期间'，距离现在已经 16 年了！……

　　"未能实现民主，最应该负责的就是我们这些总理的信徒。我们真对不起孙总理，对不起为民主斗争而牺牲的先烈！……"

　　续范亭在边区参议会上，胸怀坦白地说出了肺腑之言。他讲到自己过去是一个"不为权门称知己，原来穷汉是乡亲"的爱国主义者、民主主义者，是怎样找到共产党，认识到共产党才是中华民族的希望，才是全国人民救星的，所以他接受了共产党的领导，决心抛弃唯心主义的世界观，树立辩证唯物主义的世界观，跟着共产党干革命。他的讲话，受到了党中央首长和边区参议员们热情的欢迎和亲切的鼓励。

　　21 日的这一天，续范亭和往常一样，很早就来到了会场，坐在来宾席上，认真地阅读大会发的文件。临近开会的时间，参议员们纷纷就座。忽然，从礼堂外面传来一片掌声，惊动了坐在礼堂里的参议员们，大家纷纷站起来，接着响起雷鸣般的掌声。续范亭急忙踮起脚尖望去，原来是毛主席已经站在礼堂东侧的门首了！

毛主席微笑着，红光满面，显得精力很充沛。他穿着显得有些宽大的普通的灰制服，头上戴着八角帽。他不断地向大家点头，挥手致意，然后走进主席台旁边的小门，不一会儿就出现在主席台上了。这时候，会场上的气氛更加活跃，掌声更加热烈了，并且爆发出如雷的欢呼声。

续范亭满怀着崇敬的心情，激动地注视着毛主席，认真聆听毛主席的讲话："各位参议员先生，各位同志，今天边区召开参议会，是有重大意义的。参议会的目的，只有一个，就是要打倒日本帝国主义，建设新民主主义的中国，也就是革命的三民主义的中国……

"为什么我们要实行革命的三民主义？因为孙中山先生的革命的三民主义，直到现在还没有在全中国实现。为什么我们现在不要求实行社会主义？社会主义当然是一个更好的制度，这个制度在苏联

早已实行了，但是在今天的中国，还没有实行它的条件。陕甘宁边区所实行的是革命的三民主义。我们对于任何一个实际问题的解决，都没有超过革命的三民主义的范围。就目前来说，革命的三民主义中的民主主义，就是要打倒日本帝国主义，其民权主义和民生主义，就是要为全国一切抗日的人民谋利益，而不是只为一部分人谋利益……"

续范亭听到这些时，感动得流泪了。因为毛主席说出了他心里的话，阐明了革命的真理，指出了新中国的前途，大大地开拓了他的精神领域，教育他认识到什么是旧民主主义，什么是新民主主义，什么是社会主义和共产主义，从而使他在思想上起了飞跃的变化，他的一颗不断追求进步、追求革命的纯真的心，更紧地靠拢我们党的事业了。

在边区参议会闭幕的那一天，当毛主席提出请续范亭讲话的时候，他十分激动地说："我奔走了几十年，始于今日目睹边区广大人民当家作主，真正看见了新中国的光明前途。将来的中国是胜利的、光明的、民主自由独立富强的，因为我们有了共产党的保障，中国劳苦群众先进人士的保障，毛泽东政策路线的保障。我们应该感谢共产党，感谢毛主席！……"

病榻笔伐反动派

1943 年，国民党发动了第三次反共高潮。6月中旬，蒋介石突然下令撤退驻守在黄河沿岸的河防部队，向陕甘宁边区开进；包括他的嫡系部队、胡宗南部共 60 万大军紧紧包围了边区，准备分 9 路"闪击"延安。

7 月 7 日那天，续范亭正在午睡，忽然听见远处隐隐约约传来炮声。他吃了一惊，急忙下床走出窑洞，侧耳倾听着远处隆隆的炮声，心里感到疑惑不安。他找到秘书，问道："炮声是从什么地方传来的？"

秘书估计说："好像是关中分区那边。"

警卫员报告说："打了十几发炮弹。"

续范亭又问："是不是顽固军向我们边区进

攻了？"

秘书和警卫员也不知道。续范亭要他们赶快打电话问问清楚。秘书忙回到窑洞里，摇响了电话机。可是总部的电话线全部占线，打不通。

"问问报社。"续范亭焦急地说。

解放日报社的电话也打不通。秘书又摇边区政府，这一回电话摇通了，可是对方回答说现在还没有弄明情况。正在这时，又传来一阵炮声。一定是胡宗南的军队进攻边区了。续范亭想到这里，不由得心急如焚，愤慨欲绝。他回到自己住的窑洞里，强撑着衰弱的病体，颤巍巍地穿好军装，戴上军帽，一边扎着腰间的皮带，一边呼唤着警卫员，要他赶快去备马。

秘书听说续主任要备马外出，不禁吃了一惊，急忙赶来问道："续主任要出门？"

续范亭点点头。

"到哪儿去？"

"去总部，晋见朱总司令。"续范亭有些气喘吁吁地回答说。

秘书见他病成这样，还要去总部，不免有些

惊慌失措了。他的身体状况不允许他骑马在高山大河之间奔波了，于是秘书劝道："续主任有什么事情，派我去办理吧！"

"我去请求朱总司令批准我上前方。这样的事情，怎么可以请别人代劳呢？！"

"那么，您可以给朱总司令打电话。"

"电话说不清楚，也不郑重。"

"可是，路这么远，您的身体……"

"我的身体没问题，可以打顽固军了。"续范亭嘴上这样说，可是他的行动却显得有些吃力，脸色也比往常显得更加苍白了。

这时，窑洞外边传来"嘚嘚"的马蹄声，警卫员已经备好马牵来了。续范亭撑着身体要出发，秘书再三劝阻，续范亭执意要走。秘书急了，抢先跑到窑洞外面，一边要警卫员把马牵回马房，一边把休养所的同志们动员起来了。大家听说续范亭要带病上前方，纷纷围住他，劝阻他，安慰他。有的说，蒋介石、胡宗南胆敢挑起内战，边区军民一定奋起自卫，坚决打退他们的进攻，劝续范亭放宽心，好好养病。有的说，养好病再上前方也不迟……续范亭很感激同志们的好意，心里却急着要见朱总司令，由于过于激动，心里发急，一口鲜血吐在地上。同志们看见，不容分说，慌忙扶着他躺在床上，同时招呼警卫员赶快去请医生。

过了一会儿，续范亭才缓了过来。他从床上挣扎着硬要坐起来，秘书恐他心急，只得扶他起来坐在靠椅上。续范亭呼呼喘着粗气，取过纸笔，给朱总司令写了一封要求上前线指挥作战的信，要求秘书立刻派人给朱总司令送去。

朱总司令看到续范亭写的信，理解他的心情，又很担心他的病体，当即派人到南泥湾来安慰他，告诉他边区军民正在紧急动员起来，制止内战，保卫边区，劝他放心，将来养好病后再上前方。

朱总司令不批准他上前线，续范亭无可奈何，只能在力所能及的范围内，尽一切可能做些工作。医生、秘书和休养所的许多同志，见他病情很重，苦苦劝他不要工作，要安心静养。但他置之不理，日夜不离开写字台，埋头起草通电、写文章，给晋西北的战友们写信，鼓励他们努力战斗和工作。

7月18日，《解放日报》第一版登载："国民党元老续范亭先生，通电全国制止内战，反对进攻边区以免亡国惨祸。"7月20日，《解放日报》又发表了续范亭写的题为《警告中国抗战营垒内的奸细分子》的文章。续范亭在这篇文章中，尖锐有力地批判了国民党"拥护独裁，反对民主，助长特务，压迫人民"的反动本质，揭露了他们"利用一切机会，无孔不入，无地不钻，来挑拨中国的内战，破坏抗战的营垒"等反共反人民的罪恶行径，指出"中国人民已经觉醒了"，"世界必然要进步的，要发展的，法西斯很快就要灭亡的，你们的路是死路一条，是最危险的路。你们要赶快觉悟，才能救了你们自己，并且也就是维护了祖国"。

续范亭在写了这篇文章之后，由于病情恶化，又被同志们送回了白求恩国际和平医院。他身体虚弱，行动不便，可是他依然没有放弃读书看文件，作诗写文章。伏在写字台上写文章很吃力，身体吃不消，他设法找到了一张矮桌子，放在床上，他就在这张矮桌子上面写字。尽管发着烧，咳嗽气喘不止，吃不下饭，睡不着觉，他还是坚持工作。他坐在床上，写几句，支持不住了，就随身躺下休息一会儿，缓口气再继续写。

医生和秘书看到续范亭这样顽强、刻苦地工作，又感动又焦虑。他们再三地劝续范亭不要作诗写文章，专心养病。续范亭了解同志们的心情，对他们解释说："我看到蒋介石、阎锡山的每桩滔天罪行，又是气愤，又是痛苦。按照我的身体来说，的确应该搁笔，可是我搁不下来，我不能不写啊！"

秘书建议说："如果一定要写，您躺床上慢慢口述，由我代表您执笔，抄好了再给您过目。这样做，您可以省一些力气，不至于过分劳累。"

续范亭感谢地说："谢谢你的好意。可是，这个办法是不行的，因为，如果把别人执笔写的文章，改成和自己写的一样，那就反而更费时间，更费力气。"

续范亭以顽强的革命意志，克制着自己的病痛，坚持学习和工作。当他病情发作，身体十分痛楚的时候，他就瞒着秘书和医生，暗中用一根针扎自己的肌肉，以求能够减轻病痛，振作起精神，坚持工作下去。他在写完《寄山西土皇帝阎锡山的一封五千言书》后，送请毛主席指教。毛主席在百忙之中读了这篇文章，立即给续范亭写了一封长信，说读了文章"振奋人心"，而且称赞这是一篇"檄文式的文章"。毛主席的信，给予续范亭极大的鼓舞，使他感到自己虽然身染重病，不能上前方消灭敌人，但他在医院里还是可以做一点工作，能够为革命事业贡献一点力量，这使他感到无比的兴奋和欣慰。

写完这篇文章以后，续范亭由于情绪过分激动，身体又疲劳过度，以致病情变得更加严重，在病床上躺了整整两个月。他感到气管时常作痛，每天早上和夜间，都要吐四五口血。吐出的血大部分是淡黄色和黑红色，有两次还是鲜红的。经过医院验痰，结果发现每点痰内都有结核菌十几个，而且痰内还有化脓菌。中央首长和同志们知道了这些情况，非常焦急，有的赶来看望，有的写信慰问，还有的送来食品和药物。医生更是不断地严厉劝告他："续老，您如果要恢复健康，治好病，将来更好地工作，现在首先必须请您暂时停止写文章。"

"这怎么行啊！"续范亭着急地分辩说，接着又态度恳切地向医生和同志们解释，"你们看，我躺床上，不能走，不能喊，更不能动枪杆子，如果再不动一下笔杆子，难道要我不管抗战，不干革命，袖手旁观吗？"

续范亭在养病期间写了不少文章和诗篇。他的诗文洋溢着革命激情、战斗精神，充满了血泪之语，读了令人非常感动。他的每一篇政论文章，都发出铿锵的金石之声，义正词严，淋漓尽致地揭露和批判了蒋介石、阎锡山的反动罪行，热情地歌颂中国共产党和人民子弟兵，有着磅礴的正气，给人们以鼓舞和信心，一时为延安军民所传颂。

胜利的喜悦

1945年7月13日，中国解放区人民代表会议筹备委员会，在陕甘宁边区参议会大礼堂隆重开幕。上午8点多钟，续范亭兴奋地步入会场，在代表席就座。大礼堂里喜气洋洋，各解放区代表、列席会议的各机关代表和来宾有 1000 多人。周恩来副主席神采奕奕，健步登上主席台，会场爆发出经久不息的热烈掌声，续范亭的心情更是格外激动。周副主席面带笑容，注视着会场，用他那洪亮、有力、清晰的声音说道："自从毛主席在中国共产党第七次代表大会上提议和号召迅速召开中国解放区人民代表会议以来，各个解放区人民都给予了热烈的响应和拥护。因此，陕甘宁边区政府和参议会就发起这个筹备的事情，在不到一个月的工夫，已经得到了各个解放区各个团体的一致赞成，并派出了他们的筹备委员。这证明毛主席的号召和提议，是深得人心，极合时宜的。我们可以说，今天筹备委员会的成立，不仅代表了各解放区人民的公意，而且也适合国内外抗日民主人士的迫切要求。"

会场里鸦雀无声。续范亭和大家一样，屏声静气地倾听周副主席流畅、生动的讲话。周副主席接着叙述了 8 年敌后抗战，在中国共产党、八路军、新四军、华南人民抗日游击队、一切抗日民主分子、一切抗日部队和广大人民的同心协力之下，已经收复了沦陷的广大领土，解放了9550多万的人口，建立了19个大块的解放区，发展了91万的人民军队，组织了200多万名民兵……周副主席在讲话中展望了抗日战争胜利的局面，提出了中国解放区人民代表会议的光荣使命：统一各解放区的行动，加强各解放区的抗日工作，援助国民党统治区人民的抗日民主运动，援助沦陷区人民的地下军运动，促进全国人民的团结与全国联合政府的成立。

会议选举了筹委会常务委员会成员，续范亭当选为副主任，主任为周恩来。

8月中旬的一个夜晚，秋高气爽，令人感到有些凉意了。续范亭静静地躺在病床上，没有睡着。这些日子，他的病情比较稳定，咳嗽也好些了。在这凉爽的秋夜，呼吸着清新的空气，倾听着小溪的流水声，他的心境很平静、舒畅。

忽然，从山下传来一阵喧嚣声。续范亭不由得一愣，出了什么事？他侧耳细听，喧嚣声越来越大，夹杂着一些人的呼喊声；喊些什么，却听不真切。附近机关、学校的钟声，也"当当"地响成一片。续范亭急忙披衣下床，拄着手杖走出窑洞，眼前的情景，使他惊奇得呆住了：山上山下，布满了灯笼火把，到处人影晃动，欢呼声，口号声，锣鼓声震撼山谷。

续范亭正在莫名其妙，只见警卫员手舞足蹈地跑来，兴奋得说话都有些不大连贯了。他大声地告诉续范亭："续主任，好消息！日本宣布投降啦！抗战胜利啦！"

续范亭乍一听说，简直不敢相信自己的耳朵。是啊，8年了，天天盼，月月盼，多少人历经千辛万苦，流血奋斗，英勇牺牲，为的是打败日本帝国主义，实现民族解放，当胜利终于来到的时刻，又觉得意外和突然，实在是不敢相信啊！

这会儿，只见漫山遍野的灯笼火把滚滚移动，在向一起会集。人们的欢呼声和口号声更是响彻云霄。秘书又从山下气喘吁吁地跑来说，各单位的群众自发地会集在一起，敲锣打鼓，扭着秧歌舞，纷纷涌向南关、王家坪、杨家岭，向边区政府、八路军总部、党中央庆祝胜利。

续范亭听了，心潮澎湃，一双大眼睛闪烁着

兴奋的光芒，苍白的脸色涌现出红润，似乎觉得他的病霎时好了，身体健康了，能为建立新中国奋斗了。他再也抑制不住激动的情感，拄着手杖向山下走去，他要投身于狂欢的人流中，同大家一起去向毛主席、党中央祝贺胜利。秘书和警卫员连忙搀扶住他，迎面遇见几位首长和医务人员赶来向他报告喜讯。于是他们又回到窑洞里，愉快地畅谈胜利，展望新中国的愿景。

9月2日，日本签字投降。中国抗战暨世界反法西斯战争胜利结束。

在这胜利的日子里，续范亭心里充满了喜悦和欢乐。在毛主席和中国共产党的领导下，中国人民经过 14 年浴血抗战，续范亭多年来所追求和盼望的民族解放的那一天，终于来到了！

尾声

　　1947年春天，蒋介石悍然向中共中央所在地延安发起大举进攻，妄图挽救其失败的命运。为安全考虑，续范亭被迫从延安转移，辗转到了山西临县都督村继续养病，期间他仍十分关心全国的解放战争形势和解放区的各项政治生活等，特别是当时老区的土地改革运动。

　　9月12日，续范亭在山西省临县都督村病逝，终年55岁。续范亭的家属悲痛地呈上了续范亭申请加入中国共产党的遗书：

敬爱的毛主席和中共中央：

　　范亭自辛亥以来，即摸索为民族和人民解放的真理，奋勇前行，在几经波折之后，终于认清了只有中国共产党所领导的革命道路，才是中华民族和中国人民彻底解放的道路。七七抗战之后，即欣然接受领导，参加晋西北抗日民主根据地的抗战建设工作，想从此更好为人民服务，以偿平生夙愿。孰料范亭方奋力以赴之时，竟以身染重病，去延休养。在延数年，蒙党百般爱护，尤觉欣幸者，得以时常听聆毛主席和中共中央的教导。范亭奋斗一生，始于今日目睹解放区广大人民的真正翻身，真正看见了新中国的光明前途，每自不禁感奋，热泪夺眶而出。屡欲请求入党，作一名革命军的马前卒，以终余年，但以久病床褥，迄未提出。现范亭已病入膏肓，恨不能亲睹卖国贼蒋介石集团之行将受审，美帝国主义之滚蛋，与全中国人民之彻底解放，是为憾耳。范亭数年来愧无贡献，然追求真理之志未尝一日或懈也。在此弥留之际，我以毕生至诚敬谨请求入党，请中共中央严格审查我的一生历史，是否合格，如承追认入党，实平生之大愿也。专此谨致

　　布尔什维克的敬礼！

　　　　　　　　　　　　　续范亭

续范亭不幸逝世的噩耗传出，边区人民同声悲悼。晋绥边区行政公署当即发出通告，决定各机关、部队、团体、工厂、学校一律下半旗3日，停止娱乐一周致哀。边区各界成立了治丧委员会，推定贺龙、林伯渠、习仲勋、吴玉章、谢觉哉、王维舟、马明方、赵寿山、李鼎铭、李井泉、张稼夫、武新宇、周士第、甘泗淇、陈漫远等同志为治丧委员。

9月13日，中共中央致电吊唁续范亭，并接受续范亭的要求，追认其为中国共产党正式党员。电报内容如下：

晋绥边区行政公署、中共中央晋绥分局、晋绥军区司令部并请转续范亭同志家属：

接电惊悉续范亭同志病故噩耗，至深哀悼。范亭同志于早岁参加同盟会，即献身民族民主的革命事业，百折不挠，在抗日民族战争期间，领导山西新军为坚持山西抗战与山西民主化而奋斗，功在国家。范亭同志在弥留之际，遗言要求加入中国共产党，其革命忠忱，实令人感奋。本党决定接受范亭同志的要求，追认为中国共产党正式党员，并以此引为本党的光荣。望我晋绥边区党政军民各方同志一致努力，继承范亭同志遗志与晋绥人民团结前进，发展与巩固晋绥解放区，争取爱国自卫战争的彻底胜利，并望范亭同志家属节哀。

中国共产党中央委员会　十三日

9月21日，远在晋察冀边区的董必武同志听闻噩耗，悲痛提笔写了《挽范亭》：

代郡多豪杰，先生更出群。

怀才能拨乱，许国已忘身。

血迹陵园在，勋名日月新。

遗书有深意，易箦亦归真。

同作甘泉窝，油梨分我尝。

吟诗遣怀抱，卧病阅风霜。

彻底夷封建，从头稳立场。

精灵当不没，山水永增光。

9月26日，西北各界1800多人，在临县举行了追悼大会。林伯渠同志主持，杨明轩同志诵读祭文，谢觉哉同志报告了续范亭同志的生平。贺龙、林伯渠、吴玉章、赵寿山等同志讲了话。

10月18日，在临县举行续范亭同志葬礼。毛主席从陕北来电致唁，并派专人送来了花圈和挽联，挽词为：

续范亭同志千古

为民族解放，为阶级翻身，

事业垂成，公胡遽死？！

有云水襟怀，有松柏气节，

典型顿失，人尽含悲！

1952年，山西崞县（今原平市）建成续范亭纪念堂。1993年，该纪念堂迁至山西省原平县（今原平市）续范亭中学。

2014年10月6日，续范亭将军纪念馆在山西忻州定襄县宏道镇落成开馆。

伟大的爱国者续范亭永垂不朽！

后　记

　　"为民族解放，为阶级翻身，事业垂成，公胡遽死？！有云水襟怀，有松柏气节，典型顿失，人尽含悲！"这是毛泽东吊唁续范亭时亲题的挽词，是对续范亭毕生革命经历的浓缩归纳，也是一个为民族解放、为阶级翻身奋斗终身的革命者所能获得的最高赞誉。

　　续范亭是一个伟大的爱国者。他一生光明磊落，坚持真理，卫护正义。他从不计较个人的安危和地位，始终如一地抱着伟大的献身精神，随时准备为祖国人民的利益献出自己的鲜血和生命。中国共产党给续范亭灌注了新鲜的血液，马克思主义真理赋予他巨大的力量。他坚定地跟着党，永不动摇，永不停顿，直到生命的最后一息。续范亭虽然已经离开我们有 70 多个年头，但他毕生的战斗经历表明，他不愧是为中华民族解放事业鞠躬尽瘁的坚强战士，他坚持不懈地追求进步，探索真理，勇往直前，百折不挠的革命精神，将永远活在中国人民心中。

本书是在前人研究成果和充分尊重史实的基础上，从续范亭平凡而伟大的一生中遴选了最典型、最具代表性的英雄事迹，结合中国革命发展历程和英雄烈士的人生经历编写而成的。力求用生动感人的英雄故事，向读者传递英雄烈士伟大的革命精神。在编写过程中，得到军事科学院军队政治工作研究院领导和机关的大力支持，康月田、李博、岳思平、徐占权等多位专家学者进行了审读，提出了宝贵意见。

参考书目：《续范亭传》（南新宙著／山西人民出版社），《续范亭传》（穆欣著／华夏出版社），《续范亭文集》（续磊、穆青著／人民出版社），《续范亭纪念册》（邢同科主编／华文出版社），《中国军事百科全书·军事历史Ⅲ》（中国军事百科全书编审委员会／军事科学出版社），《中国共产党抗日英雄传》（黄涛、史立成、毛国强编／解放军出版社）。

在此，谨向关心和提供帮助的各位领导、专家学者，以及上述书目作者、编辑致以最诚挚的谢意！

图书在版编目（CIP）数据

续范亭 / 军事科学院解放军党史军史研究中心编.
北京：学习出版社，2025.6. --（中华先烈人物故事
汇）. -- ISBN 978-7-5147-1367-1

Ⅰ. K825.2

中国国家版本馆CIP数据核字第2025YR9405号

续范亭
XU FANTING

军事科学院解放军党史军史研究中心

责任编辑：朱仕娣		封面绘画：刘书移	
技术编辑：朱宝娟		内文插图：韩新维	
美术编辑：杨　洪		装帧设计：和物文化	

出版发行：学习出版社
　　　　　北京市东城区崇外大街11号新成文化大厦B座11层
　　　　　（100062）
　　　　　010-66063020　010-66061634　010-66061646
网　　址：http://www.xuexiph.cn
经　　销：新华书店
印　　刷：河北鹏润印刷有限公司

开　　本：787毫米×1092毫米　1/32
印　　张：6.5
字　　数：85千字
版次印次：2025年6月第1版　2025年6月第1次印刷

书　　号：ISBN 978-7-5147-1367-1
定　　价：27.00元

如有印装错误请与本社联系调换，电话：010-66064915